Königs Erläuterungen und Materialien
Band 39/39a

W0062650

Erläuterungen zu

William Shakespeare

Hamlet

von Reiner Poppe

C. Bange Verlag – Hollfeld

Herausgegeben von Klaus Bahners, Dr. Gerd Eversberg
und Reiner Poppe

ISBN 3-8044-0373-5

© 1990 by C. Bange Verlag, 8607 Hollfeld
Gesamtherstellung: Beyer-Druck, Langgasse 23, Hollfeld

INHALT

VORWORT ZUR NEUAUSGABE

William Shakespeare, dessen Namen in England jedes Kind kennt und mit Hochachtung nennt, dieser wohl berühmteste Mann unter Englands vielen Berühmtheiten, hat der Nachwelt eine große Zahl unvergänglicher Bühnenwerke hinterlassen: OTHELLO, ROMEO UND JULIA, KÖNIG LEAR, MACBETH und eben jenen **HAMLET**, der alles Übrige an Bedeutung in den Schatten stellt.

In typisch englischem Understatement schreibt Andrew Gurr in seinem Buch HAMLET AND THE DISTRACTED GLOBE, auf das wir uns noch öfter berufen werden: „The play is an image of human morality, and as such it demands serious attention." [1]

Erhöhte und ernsthafteste Aufmerksamkeit ist dieser Tragödie – mehr als jedem anderen Theaterstück – in der Tat seit seiner Veröffentlichung entgegengebracht worden. Der Vielzahl großartiger und bedeutender Hamlet – Untersuchungen bzw. Darstellungen (vgl. Kapitel 5) kann ich nur einen bescheidenen Band zur Seite stellen in der Absicht , jungen und „unerfahrenen" Shakespeare-Lesern (Schülern, Studenten – sicherlich auch manchem Unterrichtenden, der sich erstmals mit diesem Stück befaßt) einen Zugang zur Persönlichkeit, Zeit und zum Werk des großen englischen Dichters, in erster Linie natürlich zur Tragödie des **Prinzen Hamlet**, zu ermöglichen. Dieser Zugang soll so einfach und so informativ wie möglich sein.

Als Verfasser einer solchen **Lernhilfe** ist man zwangsläufig in der Gefahr, wegen der erforderlichen Ausschnitthaftigkeit und Beschränkung der Materialien das angestrebte Ziel zu verfehlen. Dies ist bei einem derart komplexen Text wie dem HAMLET besonders leicht möglich, denn es kann kaum gelingen, im Rahmen der eingegrenzten Zielstellung eines solchen ERLÄUTERUNGSBANDES den „ganzen

---

1) vgl. A. Gurr, S.10 - Die englischen Zitate bleiben unübersetzt (Ausnahme: Seite 84). Einzelwortübersetzungen werden dort gegeben, wo nicht davon ausgegangen werden kann, daß die sinnerklärenden Zusätze in der Fremdsprache uneingeschränkt verständlich sind.

Hamlet" offenzulegen und zugleich das vielfältige und so unterschiedliche Spektrum der Perspektiven professioneller Beobachter und Kommentatoren aus beinahe vier Jahrhunderten auch nur angenähert repräsentativ zu dokumentieren. Auf der anderen Seite erleichtert diese Gewißheit das Vorhaben. Der „Mut zur Lücke" ist hier die gebotene Tugend; bleibt zu hoffen, daß das Ausgeführte die Erwartungen unserer Leser zufriedenstellt.

Die vorliegende **geänderte Neuausgabe** unseres ERLÄUTERUNGS- und MATERIALIENBANDES zum HAMLET unterscheidet sich vom Vorgänger und von anderen der Art ganz wesentlich in **zweifacher Hinsicht:** Der neue Band ist sehr gerafft und nach dem Prinzip der ökonomischen, zielgruppenorientierten Information erstellt. – Er bemüht sich ferner um Anschaulichkeit (grafische Erläuterungen), die als sehr hilfreich erachtet werden, und die in kaum einer unserer neuen Ausgaben fehlen. Dafür sind uns die Leser stets dankbar. –

Dankbar stütze ich mich auf eine ganze Reihe sehr wertvoller Hilfen, die ich an dieser Stelle besonders erwähnen möchte:

In erster Linie möchte ich Herrn **Dr. E. Neis** nennen, dessen Erläuterungen zum HAMLET viele Leser gefunden haben. Bezogen auf die Zielgruppe erscheint sein Buch allerdings zu schwierig und vor allem zu umfangreich. Es stellt in seinem Anspruch nicht die **griffige Hilfe** dar, die der Leser zur raschen Orientierung benötigt.

Gern weise ich auf die KLETT LEKTÜRENHILFE zum HAMLET hin (BARRON'S BOOK NOTES), die auf 132 Seiten den Text in **englischer Sprache** erläutert. Man kann sie sozusagen in einem Zuge durchlesen. Der Inhalt der Tragödie wird dabei ziemlich ausführlich wiedergegeben (S. 47-108).

Ganz hervorragend, aber schwieriger, ist **THE ALEXANDER SHAKESPEARE – HAMLET.** (Collins Publishers: London and Glasgow) Dieser Band (350 Seiten) gibt in seinem charakteristischen Teil „Text und Notes" den Originaltext in englischer Sprache mit sehr detaillierten Begleitkommentaren, ebenfalls in englischer Sprache, wieder (S. 25–328). Kein Anglist, der an diesem Band vorbeikäme!

Drei weitere Titel sind zu erwähnen, die ich nutzen konnte, und auf die niemand der tiefer in die historisch-philologischen Zusammenhänge der Tragödie eindringen möchte, verzichten kann:

W. SHAKESPEARE – HAMLET (Reclam 8116) und
DER NEUE RECLAM SHAKESPEARE – HAMLET in zwei Bänden.
Band 1: Einführung, Text, Übersetzung, Textvarianten
(Reclam 8243)
Band 2: Kommentar, Bibliographie (Reclam 8244).

Diese Bücher „verschlingt" man nicht. Sie verstehen sich als gewichtige Quellensammlungen und regelrechte Nachschlagewerke. Sie vermitteln auf hohem Niveau stehende Informationen.

* * *

Wir gehen davon aus, daß auch Nicht-Anglisten aus ganz unterschiedlichen Gründen mit dem HAMLET zu tun haben und greifen deshalb auf einen **deutschsprachigen Text** (Reclam) zurück, der Schlegels Übersetzung folgt (vgl. Kapitel 2.1).

Dem Leser wünschen wir eine anregende Lektüre eines der großartigsten Schauspiele, das die Welt-Literatur kennt, und nicht weniger Nutzen durch die angebotene Hilfe unserer ERLÄUTERUNGEN UND MATERIALIEN. Eingedenk der Mahnung, die zum „Macbeth" ausgesprochen worden ist[2], Gleiches gilt für den HAMLET, hoffe ich, dem Leser mit meinen Ausführungen und Begleittexten etwas Bündiges und Ganzes zu bieten trotz der Einschränkungen, die ein Erläuterungsband der vorliegenden Art impliziert.

Hollfeld 1989   Reiner Poppe

---

2) „... In approaching a work (as manifold and inexhaustible as **Macbeth**) there is a considerable danger of losing one's way in the very richness of the play, leaving the reader with a lapful of oddments and annotations, and no coherent image of the whole." – *Vgl. B. Rojahn – Deyk* im Nachwort zum **Macbeth**, S. 202. – Die Klammer nicht im Original.

1. WILLIAM SHAKESPEARE – LEBEN UND WERK
– DATEN, FAKTEN –

E. Neis hat mit seiner Aussage wohl recht, daß die stets neu bedauerte Tatsache, von und über WILLIAM SHAKESPEARE sehr wenig zu wissen, angesichts der philologischen und historischen Forschungserträge kaum mehr aufrechtzuerhalten ist. [3]

Dennoch sind viele Fragen offen, zumindest lassen sie sich nicht absolut schlüssig beantworten:

– Wie war seine Schulbildung?
– War er ein guter Schüler?
– Was veranlaßte ihn, sich dem Theaterspielen zu verschreiben?
– Wann und warum ging er allein nach London?
– Welchen Lebenswandel führte er?
– Wie war sein Verhältnis zu seinen Eltern?
– Hat er noch mehr geschrieben, und was ist möglicherweise verschollen?
– Wie war sein Familienleben, und in welchem Maße berührte ihn der Tod des Vaters, des Sohnes, des Bruders?
– Liebte er in London eine zweite Frau?
– War er ein Königstreuer oder ein berechnender Geschäftsmann, der dem König Loyalität erwies, um finanzielle Vorteile zu haben?

Die Beantwortung dieser und weiterer Fragen zur äußeren und inneren Biographie SHAKESPEARE'S, so vordergründig sie auch erscheinen mögen, könnte viel zur Abrundung unseres Verständnisses über einen ungewöhnlichen Geist in einer lebendigen Zeit, die so weit zurückliegt, beitragen.

---

3) vgl. E. Neis, Erläuterungen und Materialien, S. 5 –
   Ausführliche Titel im Literaturverzeichnis (Kapitel 5)

Andererseits können wir uns umfassender Darstellungen bedienen, die uns den sozio-kulturellen und politischen Hintergrund seiner Epoche nahezu lückenlos aufschließen von dort manchen Rückschluß auf SHAKESPEARE ableiten.

Dennoch – Nährboden für Legenden gab es reichlich und zu allen Zeiten, ausnehmend fruchtbaren ganz selbstverständlich. Ein Mensch wie SHAKESPEARE mochte ihn uns liefern. Uns scheint jedoch, daß Sätze wie „Shakespeare is lost to us. Only by his work may we know him" [4] ihn allzu sehr mit dem Nimbus des Unergründlichen, Geheimnisvollen und Verlorenen umgeben, obwohl das Vorgefundene und eindeutig Belegte ihn und sein Werk sehr gegenwärtig machen. –

* * *

Die Zeit, in der er wirkte und sein schöpferisches Genie entfaltete, wird als das ELISABETHANISCHE ZEITALTER bezeichnet, nach dem Namen der Regentin **Elisabeth I.** (herrschte von 1858-1603), gefolgt von **James I.** (herrschte von 1603-1625). London wuchs immer mehr an zum „Nabel einer neuen Welt", und Großbritanniens Aufstieg zur späteren gewaltigen Kolonialmacht begann in jenen Jahrzehnten des Wachstums und der Expansion. Namen wie „Drake", „Raleigh", „East India Company", „Virginia" stehen für Entdeckerlust, territorialen Eroberungswillen, wirtschaftliche und politische Machterweiterung, wie sie in jener Zeit selbst Spanien, Portugal und Italien nicht besaßen. **England wurde Supermacht.**

Es ist der umsichtigen und klugen Politik Elisabeth I. zuzuschreiben, daß trotz aller Bedrängnisse von außen (Frankreich) und trotz aller Spannungen auf der Insel (Katholiken-Protestanten) die zukunftsweisenden Fortschritte gemacht werden konnten. [5]

---

4) vgl. J. Randle, Understanding Britain, S. 63 – „There was an effervescent spirit in Elizabethan England." (effervescent = schäumend, aufbrausend i. S. von „lebendig", „vital", „produktiv").
5) So in den sachlich ansonsten überzeugenden BARRON'S BOOK NOTES, S. 8

Eine geistig-künstlerische Elite bildete sich in England heraus (E. Spenser, Chr. Marlowe, J. Donne, J. Milton u.a.), zu der auch SHAKE-SPEARE gehörte. Die beiden ruhmreichen Universitäten Oxford und Cambridge wurden gegründet, mit denen hinfort Englands akademische Aushängeschilder weltweiten Rang und Namen besaßen. – Die Baukunst blühte; Häuser in ihrer geschmackvollen Gediegenheit und Pracht zeig(t)en die selbstbewußte Haltung der Bürger ("Tudor architecture")

Die Schauspielkunst professionalisierte sich zunehmend trotz starker Gegenbewegungen, die von den Puritanern ausgingen, unter Elisabeth I. und erreichte unter ihrem Nachfolger ihren Höhepunkt. Unter dem Patronat des Königshauses formierten sich Theaterunternehmer und Schauspieler zu regelrechten Genossenschaften. Sie schrieben, spielten, verwalteten. Berühmte Theater entstanden, „The Rose",

„The Fortune", The Globe", Mächtige Konkurrenzunternehmen wuchsen heran. Namen wie Burbage und Henslowe stehen für Ruhm und Unternehmersinn. SHAKESPEARE überschattete sie bald wie kein anderer. Ab 1592, so darf als gesichert angenommen werden, wurde er zum überragenden Multitalent, (– wie wir heute sagen würden –), und nichts, ja niemand konnte seinen Aufstieg bremsen. [6] Im Jahre 1595 Sozietär bei „Lord Chamberlain's Men" (unter James I. „King's Men"), trug er ganz wesentlich den Erfolg dieser Theatergruppe, die im 1. Drittel des 17. Jahrhunderts unangefochten die Londoner, damit die britische Theaterszene beherrschte.

In einer vielseitigen und interessanten Schaffenszeit von ca. 20 Jahren schrieb WILLIAM SHAKESPEARE 38 Bühnenstücke, von denen einzelne zu den Perlen der Theater-Literatur zählen und mit Rollen ausgestattet sind, die für jeden ernsthaften Schauspieler irgendwann zu einer Herausforderung und Unumgänglichkeit werden, darunter natürlich HAMLET. Der exakte Zeitraum der Niederschrift seiner Stücke ist nicht immer festzulegen. Geschriebenes und Aufgeführtes stehen zwar in einer zeitlichen Abhängigkeit, aber es gilt als erwiesen, daß alles Aufgeführte keineswegs immer **zuvor** als Rollentext niedergeschrieben worden war. Die Aufführungspraxis lebte von der Improvisation und vom spontanen Arrangement der Rollentexte, die auch teilweise erst in der „Interpretation" durch den Schauspieler etwas wurden (vgl. Kapitel 3.1).

In der Forschung wurden deshalb größere Zeitabschnitte als (wahrscheinlicher oder gesicherter) Entstehungszeitraum eines Stückes festgelegt. Das ist vernünftig, weil gerade SHAKESPEARE nicht nur schrieb, sondern mit ebensolchem Engagement auf der Bühne stand als Schauspieler und Regisseur, reisend unterwegs war, Konzeptionen entwickelte und mit seinen Kollegen bzw. Gönnern durchsprach und sich auch Zeit zum Leben genommen haben wird.

In der Auflistung der Werke im Anschluß an die Zeittafel folgen wir den

---

6) Wir möchten den Leser auf die beiden Romane von E. MALPASS aufmerksam machen, die auf sehr anschauliche Weise den Lebensweg SHAKESPEARE's nachzeichnen (vgl. Literaturverzeichnis).

BARRON'S BOOK NOTES [7] und gliedern SHAKESPEARE'S Schaffenszeit in 10 größere Abschnitte. Sie sind nicht hart voneinander abzugrenzen, geben aber Schwerpunkte seines Schaffens zu erkennen. Aus ihnen geht zudem hervor, daß SHAKESPEARE oft an mehreren Stücken zugleich und über längere Zeiträume hinweg arbeitete.

---

7) vgl. BARRON'S BOOK NOTES, S. 122–123.
Die grafische Einteilung („Kästchen") wurde von uns vorgenommen; ebenso haben wir durch Hervorhebungen einzelne *Leitwerke* betont.

ENTSTEHUNGSZEIT und – FOLGE
der Bühnenwerke W. SHAKESPEARE'S

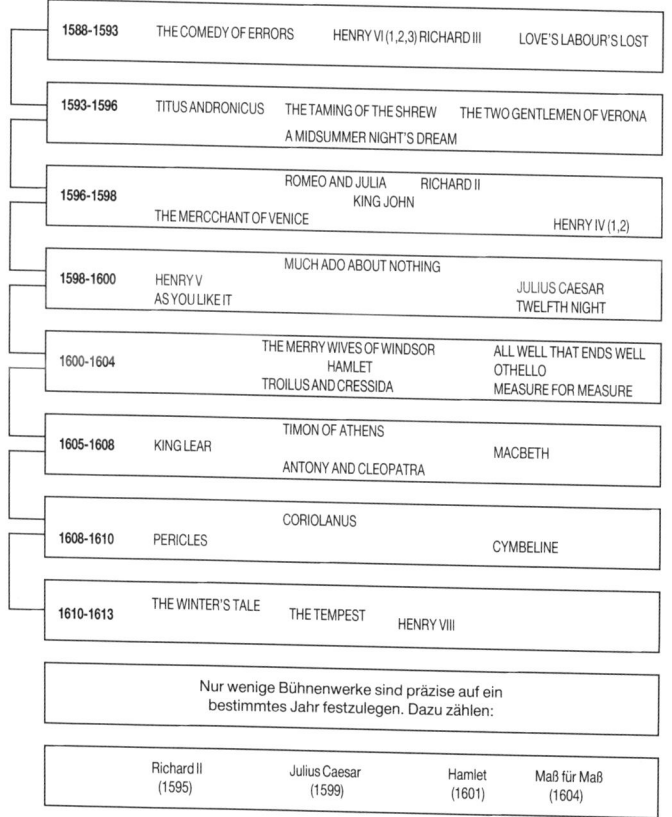

| 1588-1593 | THE COMEDY OF ERRORS | HENRY VI (1,2,3) RICHARD III | LOVE'S LABOUR'S LOST |

| 1593-1596 | TITUS ANDRONICUS | THE TAMING OF THE SHREW | THE TWO GENTLEMEN OF VERONA |
A MIDSUMMER NIGHT'S DREAM

| 1596-1598 | ROMEO AND JULIA | RICHARD II |
KING JOHN
THE MERCCHANT OF VENICE | HENRY IV (1,2) |

| 1598-1600 | MUCH ADO ABOUT NOTHING |
HENRY V | JULIUS CAESAR
AS YOU LIKE IT | TWELFTH NIGHT

| 1600-1604 | THE MERRY WIVES OF WINDSOR | ALL WELL THAT ENDS WELL
HAMLET | OTHELLO
TROILUS AND CRESSIDA | MEASURE FOR MEASURE

| 1605-1608 | TIMON OF ATHENS |
KING LEAR | MACBETH
ANTONY AND CLEOPATRA

| 1608-1610 | CORIOLANUS |
PERICLES | CYMBELINE

| 1610-1613 | THE WINTER'S TALE | THE TEMPEST | HENRY VIII |

Nur wenige Bühnenwerke sind präzise auf ein
bestimmtes Jahr festzulegen. Dazu zählen:

| Richard II | Julius Caesar | Hamlet | Maß für Maß |
| (1595) | (1599) | (1601) | (1604) |

Im Vergleich dazu die Einteilung von HARRISON und KITTREDGE [8], zwei berühmten SHAKESPEARE-Forschern:

Harrison		Kittredge	
1591	Heinrich VI., 1. Teil	1590/91	Heinrich VI., 2. Teil
	Heinrich VI., 2. Teil	1591	Heinrich VI., 3. Teil
	Heinrich VI., 3. Teil	1591/92	Heinrich VI., 1. Teil
1592	Richard III.	1592	Richard III.
	Titus Andronicus	1592/93	Die Komödie der Irrungen
	Verlorene Liebesmüh	1593	Titus Andronicus
	Die beiden Veroneser	1594	Die beiden Veroneser
	Die Komödie der Irrungen		König Johann
	Der Widerspenstigen Zähmung	1594/95	Verlorene Liebesmüh
1594	Romeo und Julia	1594/98	Der Widerspenstigen
	Ein Sommernachtstraum		Zähmung
	Richard II.	1595	Romeo und Julia
	König Johann		Ein Sommernachtstraum
	Der Kaufmann von Venedig	1596	Der Kaufmann von Venedig
1597	Heinrich IV., 1. Teil		Richard II.
	Heinrich IV., 2. Teil	1597	Heinrich IV., 1. Teil
	Viel Lärm um nichts	1598/99	Heinrich IV., 2. Teil
	Die lustigen Weiber		Viel Lärm um nichts
	Wie es euch gefällt	1599	Wie es euch gefällt
	Julius Cäsar		Heinrich V.
	Heinrich V.		Julius Cäsar
	Troilus und Cressida	1600/01	Die lustigen Weiber.
1601	Hamlet		Was ihr wollt.
	Was ihr wollt		Hamlet
	Maß für Maß	1602	Ende gut, alles gut
	Ende gut, alles gut		Troilus und Cressida
	Othello	1604	Othello
1606	König Lear		Maß für Maß
	Macbeth	1605/06	Macbeth
	Timon von Athen		König Lear
	Antonius und Kleopatra		Timon von Athen
	Coriolan	1606/08	Perikles
1609	Perikles	1607	Antonius und Kleopatra
1611	Cymbeline	1608	Coriolan
	Das Wintermärchen	1610	Cymbeline
	Der Sturm	1610/11	Der Sturm
	Heinrich VIII.	1611	Das Wintermärchen
		1613	Heinrich VIII.

8) vgl. Jean Paris, S. 72. – Die Unterschiede sind auffallend. Zeitliche Festlegungen sind kaum möglich. Mit *J. Paris* ist jedoch festzuhalten, daß bei SHAKESPEARE das Possenhafte (**Jugendzeit**), das Historische (**Mannesjahre**) und das Tragische (**Spätzeit**) einander durchdringen und ablösen, ohne daß jedoch scharfe Zäsuren gemacht werden könnten.

Alljährlich zieht die Geburtsstadt Shakespeare's eine große Zahl von Besuchern an. Die Stadt ist heute nichts weniger als ein Wallfahrtsort, wo, ähnlich wie in Canterbury und anderen Städten Englands, Geschichte wirklich lebendig wird.

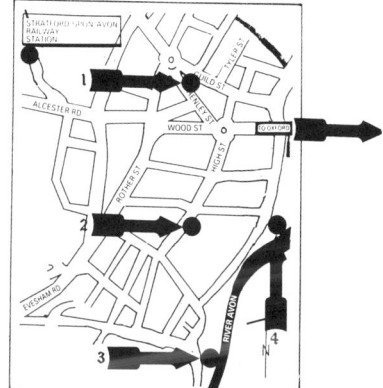

Nicht nur, daß man hier als Besucher vor Shakespeare's Geburtshaus (1) Schlange steht, neugierig die Schule (2) betrachtet, über deren Erziehungs- und Bildungsqualität wir leider kaum etwas wissen [9], ehrfürchtig zur Grabstätte pilgert (3), um sich schließlich im Theater in den Geist der Zeit versetzen zu lassen (4). – Das ganze Land, Warwickshire, wird das SHAKESPEARE-LAND genannt. Es umschließt Stratford-on-Avon, und der Besucher fühlt sich der Gegenwart entrückt, hat er sich einmal vom touristischen Getriebe zurückgezogen. Um ihn herum klangvollste Namen: Warwick Castle, das vielleicht eindrucksvollste Bauwerk dieser Art in England überhaupt; Namen aus der Geschichte (neben Stratford selbst) – Coventry, Kenilworth, Warwick, eingebettet in eine lieblich-geruhsame Landschaft.

Natürlich wird hier Shakespeare geschäftstüchtig vermarktet. Warum sollten die Engländer in diesem Punkte anders sein als die übrigen Nationen. Auf der anderen Seite muß man mit Respekt und Erstaunen zur Kenntnis nehmen, wie sorgfältig und traditionsbewußt sie gerade mit Shakespeare umgehen. Er gehört der Welt, aber man nimmt es den Engländern ab, wenn sie sagen, daß er doch wirklich nur Engländer sein konnte.

---

9) „... he must have attended the Stratford grammar school, but the school archives for the period have not survived." – G.Greer, Shakespeare, S. 1

LEBENSDATEN	HISTORISCHES	KOLLEGEN KÜNSTLER KONKURRENTEN ***
1558/ 1559	Maria Tudor's Tod; Ende der Protestantenverfolgungen. Elisabeth I. gekrönt	
1561		F. Bacon geboren
1564	WILLIAM SHAKESPEARE geboren (23. April) in Stratford-on-Avon		Chr. Marlowe, berühmter Dramatiker aus Canterbury, im selben Jahr geboren
1565	Maria Stuart, Tochter Jakbos V. von Schottland, heiratet	
1566	W. SHAKESPEARE'S Bruder Gilbert geboren		
1567	Maria abgesetzt. – James VI., später James I. von England, wird König von Schottland.	
1568	John Shakespeare (Vater) Bürgermeister von Stratford		
1570	Elisabeth I. wird exkommuniziert.	Londons Theater bleiben für reisende Schauspieler weiterhin geschlossen.

***

*** Wir beschränken uns auf die Angabe nur einzelner Namen ohne Nennen der Werke im einzelnen; anhand der angegebenen Literatur mag der Leser in der Literaturgeschichte weitere Daten und Details der Epoche aufsuchen.

1572		Aufstand der Niederlande gegen Philipp II. von Spanien.	Gründung der Lord-Leicester-Schauspieler-Gruppe, später die berühmten KING'S MEN, zu denen auch W. SHAKESPEARE gehörte
1573			J. Donne geboren
1574/ 1576			Londons Theater öfnen sich für Schauspieler-Gruppen. – James Burbadge baut das erste öffentliche Londoner Theater, allerdings außerhalb der Stadtmauern
1577		F. Drake umsegelt die Erde; Übergriffe der Engländer auf spanische Niederlassungen in Chile und Peru	HOLINSHED'S CHRONICLES von England, Schottland und Irland veröffentlicht. – Für SHAKESPEARE eine bedeutende historisch – literarische Quelle
1578	SHAKESPEARE'S Eltern geht es wirtschaftlich sehr schlecht		Veröffentlichungen von E. Spenser und Sir Ph. Sidney
1582	W. SHAKESPEARE heiratet ANNE HATHAWAY in Stratford		
1583	Geburt/Taufe der Tochter Susanna		
1585	Geburt/Taufe der Zwillinge Hamnet/Judith		

Jahr			
1586		Sir Ph. Sidney in den Niederlanden unter Leicester gefallen	Berühmte Werke von Marlowe, Spenser und Kyd
		Anklage gegen Maria wegen konspirativer Umtriebe	
1587	W. SHAKESPEARE geht nach London	Maria wird in Fotheringay hingerichtet	
1588		Die spanische Armada wird besiegt	
		Leicester's Tod	
1592			W. SHAKESPEARE gilt als großer Bühnenschriftsteller; Beginn seiner ruhmreichen Laufbahn als Schauspieler und Dramatiker. Er wird öffentlich attakiert und diskriminiert Pamphlet R. Greene's gegen W. SHAKESPEARE
1593			Tod Chr. Marlowe's in Deptford
1594/ 1595		W. Raleigh's Expedition nach Guyana; Irischer Aufstand; Letzte Expedition Drake's	W. SHAKESPEARE'S Gruppe spielt bei Hofe
1596	Tod Hamnet's		James Burbadge baut ein weiteres Theater in London
1597	W. SHAKESPEARE kauft NEW PLACE in Stratford-on-Avon		Tod von James Burbage. – Sein Sohn Richard, ein großer Schauspieler-Kollege SHAKESPEARE'S, baut das „Blackfriars Theatre" zu einem Privattheater um.

1598		Tod Philipps II. von Spanien	
1599	W.SHAKESPEARE Mitdirektor des „Globe Theatre"		Das „Globe Theatre" fertiggestellt
1600		Gründung der „East India Company"; Ausweitung der englischen Macht- und Handels-interessen	
		20 000 Soldaten landen in Irland	
1601	Tod des Vaters	Verschwörungsver-suche des Grafen Essex Verurteilung und Hin-richtung	
1602		Irland wird hart unter-drückt	Sir Thomas Brodley's Bibliothek in Oxford eröffnet
1603		W. Raleigh verurteilt und in den Tower gebracht	Die Schauspielgruppe von und um SHAKES-PEARE wird KING'S MEN
		Tod Elisabeth I. – James I. wird Thronfolger in England	
1604		Friede mit Spanien	
1605		„Gunpowder plot" (Pulververschwörung) der Katholiken;	
		Versuch die „Houses of Parliament" in die Luft zu jagen (Guy Fawks)	

1607	Susanna heiratet Dr. J. Hall	Virginia (Nordamerika) wird Kolonie	
		Aufständische in London hingerichtet	Richard Burbadge überträgt 6 Schauspieler-Kollegen, unter ihnen W. SHAKESPEARE, das Blackfriars Theatre
1608			J. Milton geboren
1611			„Authorized Version" der Bibel: anglikanische Übersetzung
1612	Tod Gilbert's		
1613	W. SHAKESPEARE kehrt dauerhaft nach Stratford zurück		Durch einen Brand wird das Globe Theatre nahezu vollkommen zerstört (1614 wieder aufbaut)
1616	Judtih heiratet Th. Quiney	Raleigh aus der Kerkerhaft entlassen; beauftragt mit einer neuen Expedition nach Guyana	
	W. SHAKESPEARE'S Tod am 23. April	Rückkehr Raleigh's nach England; erneute Verurteilung und Hinrichtung	
1623	VERÖFFENTLICHUNG EINER FOLIO-AUSGABE ALLER STÜCKE WILLIAM SHAKESPEARE'S		

2. Zum Text

2.1 Zur Entstehung – Quellenlage

Der HAMLET erschien in mehreren Versionen zwischen 1603 und 1623, als die erste unumstritten gültige Gesamtausgabe der Dramen SHAKESPEARE'S vorlag. Die heutigen Shakespeare-Ausgaben gehen im allgemeinen auf diese Veröffentlichung zurück, zu der Wilhelm von Schlegel 1843/44 die maßgebliche deutsche Übertragung schrieb. Es besteht kein Zweifel mehr, daß die Öffentlichkeit mit der Ausgabe von 1623 den ORIGINAL-SHAKE-SPEARE erhielt. Frühere Ausgaben sind belastet durch Eingriffe von fremder Hand, durch Verfälschungen bzw. Abänderungen, die während der Aufführungen aus der Regie-und Schauspieler-arbeit zustandekamen oder auf mangelhaftes Schriftbild zurück-zuführen sind, die Les- und damit Übertragungsfehler verursach-ten. Solche Ausgaben, die keine „eigene Textautorität" besitzen [10], werden als **unautorisierte Ausgaben** verstanden (1603, 1611 u.a.). –

Sicher ist, daß SHAKESPEARE seinen HAMLET 1602 vorläufig abge-schlossen hat, denn am 26. Juli desselben Jahres wurde der Druck des Schauspiels angekündigt. [11] Als Buch, die erste Quarto genannt, erschien es erst 1603, in dem Jahr, als SHAKESPEARE zu Ehren König Jakobs I. seine Komödie „Maß für Maß" veröffentlichte, in der er den Pessimismus des HAMLET noch nicht überwunden hatte. –

* * *

Die von SHAKESPEARE herangezogenen Quellen sind kaum zuver-lässig auszumachen. Man darf als gesichert annehmen, daß er zumin-

---

10) vgl. H.H. Rudnick, S. 93 ff. („Zum Textproblem")

11) Für dieses Datum kündigte der Drucker James Roberts ein Buch mit dem Titel „The revenge of Hamlet, Prince of Denmark, as yt was latelie acted by the Lord Chamberlaine his servantes" an. – Diese Ausgabe gilt als wenig verläßlich („bad quarto").

dest zwei Vorbilder hatte, aus denen er den HAMLET-STOFF entlehnte:

Zum einen **Francois de Belleforest**, der 1570 in Frankreich seine tragischen Prosageschichten, die „Histoires Tragiques" veröffentlichte, die später auch nach England gelangten.[12]

Zum anderen jenen **„Ur-Hamlet"**, der SHAKESPEARE'S Landsmann Thomas Kyd zugeschrieben wird [13], ohne allerdings letzte Klarheit darüber zu besitzen, daß dieser wirklich der Verfasser ist. – SHAKESPEARE hat es mit den ihm überkommenen Fakten der Geschichte in diesem Zusammenhang nicht besonders genau genommen trotz mancher verblüffender Detailgenauigkeit, des Schauplatzes z.B. (vgl. Kapitel 2.4). [14] Was er wollte, nämlich aus einem historischen Stoff etwas ernsthaft Unterhaltsames zu produzieren, wie es seine Zeit liebte und genoß, ist ihm allerdings eindrucksvoll gelungen. [15] Die Auseinandersetzung mit möglichen weiteren Quellen und mit den spekulativen Begründungsansätzen bringt hier zum Verstehen des Schauspiels wenig ein, so daß wir ihnen an dieser Stelle auch nicht weiter nachgehen. –

In Deutschland tauchte eine Version des „Hamlet" erstmals wohl 1586 auf, als britische Schauspieler das europäische Festland bereisten. Daß es sich dabei um den „Ur-Hamlet" gehandelt haben könnte, ist mehr als unwahrscheinlich. Immerhin werden die meisten Bemühungen, diese Quelle zu rekonstruieren, damit in Verbindung gebracht. Als naheliegende Begründung wird dabei ein aus dem Jahre 1710 datiertes, in Deutschland jedoch erst 1781 mit dem Titel „Der bestrafte Brudermord" gedrucktes Schauspiel angeführt, das

---

12) zurückgehend auf die Sage vom *Prinzen Amleth* aus der „Historica Danica" von Saxo Grammaticus (ca. 1150-1220), eine grausame Berichterstattung über die langjährige Rivalität zweier Männer am dänischen Königshof (Fengon und Amlethus).

13) Thomas Kyd (1558-1594) schrieb die berühmte „Spanish Tragedy" und war mit Chr. Marlowe und SHAKESPEARE der berühmteste Dramatiker in England der Elisabeth I.

14) Dazu A. Gurr: „... Shakespeare played also around with characters' names." – S. 22

15) „In those three varieties of distraction – Hamlet's anguish, Denmark's moral lunacy (= Verrücktheit, Wahnsinn) and the audience's desire for a „play" about something serious – lies the triple subject of Hamlet." – A. Gurr, S. 10

sich allerdings ganz erheblich von dem HAMLET SHAKESPEARE'S unterscheidet.

2.2 Zu den Hamlet – Interpretationen
– Anfänge, Traditionen –

Natürlich hat der HAMLET in England seine eigene Rezeption und Aufführungstradition erfahren. Auch wenn er ein äußerst lukrativer „Exportartikel" geworden ist, mit dem englische Theatergruppen erfolgreich im Ausland gastieren, ist die Ernsthaftigkeit der Auseinandersetzung mit diesem Bühnenstück auf der Insel in keiner Weise in Frage gestellt. Der HAMLET bedeutet nun eben den Engländern viel, und wie so vieles andere nötigt uns ihr Umgang mit diesem Schatz der Tradition zu größtem Respekt. –

Mit **R. Burbage**, dem Direktor des GLOBE THEATRE, stand zu SHAKESPEARE'S Zeiten der erste „Hamlet" auf der Bühne, dem eine beträchtliche Zahl nicht weniger eindrucksvoll in Erscheinung tretender HAMLET-Nachfolger in die Fußstapfen traten.

E. Malpass hat in seinem 2. SHAKESPEARE-Roman nachzuempfinden vermocht, wie die ersten Aufführungen die Schauspieler, Zuschauer und den Autor selbst in den Bann zogen. Ich zitiere einen längeren Abschnitt aus Malpass' Roman **„Unglücklich sind wir nicht allein"** [16], der uns einen lebendigen Eindruck der damaligen Theaterszene vermittelt:

... „Sag, Dick, ihr habt doch „Hamlet" gespielt, als ich in Stratford war. Hat das Stück gefallen?"

Sie saßen auf der Rampe und ließen die Beine baumeln. Es war einer der seltenen Augenblicke zur Muße, und William hatte sich von Richard Burbage erzählen lassen, wie es der Truppe in den zwei Jahren seiner Abwesenheit ergangen war. Wie waren die Einnahmen

---

16) vgl. E. Malpass. Unglücklich sind wir nicht allein, S. 50 ff.

gewesen? Wie viele Erfolge, wie viele Mißerfolge? Wie war es mit den Kostümen gegangen? Hatte es Ärger mit den Puritanern gegeben? Mit den Knabenschauspielern? Hatten sie sehr unter der Pest gelitten? Und was machte ihr Rivale Philip Henslowe?

Fragen über Fragen. Aber keine war ihm so wichtig wie die Frage nach seinem „Hamlet". Die Gestalt des Hamlet hatte ihn viele Jahre lang begleitet. Sie war ein Teil seines Lebens, seines Ichs, hatte für ihn gesprochen, seinen Zorn hinausgeschrien, hatte seine Zweifel und Ängste geteilt und hatte enthüllt, wie sehr er sich oft selbst verachtete. Und doch hatte er das Schauspiel nie auf der Bühne gesehen. Jahrelang hatte die Truppe sich nicht dafür interessiert, und als es schließlich aufgeführt worden war, hatte er in Stratford gesessen, wohin er nach dem Aufstand des Grafen Essex geflohen war.
„Also, Dick, wie wurde das Stück aufgenommen?"
Burbage blickte abwesend vor sich hin und schwieg. Schließlich sagte er: „Dem Pöbel hat es gut gefallen."
William ließ den Kopf sinken. „Aber?" fragte er verzagt.
„Auch dem besseren Publikum hat es gefallen. Und den Schauspielern auch."
„Aber?" fragte William.
„Kein Aber. Die Einnahmen waren sogar sehr gut ..." Er saß auf seinen Händen und blickte plötzlich auf und sah Will in die Augen. „Nur ... es hat mich erschreckt. Es ist zu ... zu groß, verstehst du? Jedesmal, wenn ich den Hamlet spielte, habe ich bei mir gedacht: Ist es denn möglich, daß unser Will das geschrieben hat? Ist es möglich, daß irgendein Mensch auf Erden eine so unergründliche Gestalt schuf?"
(...)

Das „Globe" war überfüllt. Und im Parterre ging es zu wie in einem Ameisenhaufen.
Die Zuschauer waren in Hochstimmung wie Leidtragende nach einem Begräbnis. Elisabeth von England lag unter der Erde, und König Jakob hatte ohne Blutvergießen den Thron bestiegen. Er hatte auch

24

bisher die Theater nicht schließen lassen. Das Leben ging wieder seinen gewohnten Gang. (...)

Vom Dach her ertönte ein Trompetenstoß. Dann ein zweiter. Dann ein dritter. Ein Beben ging durch die Reihen der Zuschauer. Ein paar Nachzügler wurden hereingeschoben, hereingezwängt wie Mäntel in einen gefüllten Kleiderschrank. Es wurde still, so als sei plötzlich eine Tür ins Schloß gefallen. Vom Hintergrund der Bühne her hörte man einen gedämpften, lange anhaltenden Trommelwirbel (...)

Es war in der Pause vor dem vierten Akt.

Das Flaschenbier verkaufte sich gut. Die Ereignisse auf der Bühne hatten die Zuschauer durstig gemacht. Einige beklagten sich über das Stück. Es sei zu schwierig, zu ausgeklügelt. Doch die meisten fanden, daß ihnen viel für ihr Geld geboten wurde. Ehebruch, Blutschande, Mord, Totschlag, ein Prinz, der vor einem jungen Mädchen unzüchtige Reden führt, Blut – was konnte man mehr von einem Schauspiel erwarten? Außerdem, dachten die Feinfühligeren, enthielt das Stück Poesie und witzige Bemerkungen über das Londoner Theaterleben (...)

Der fünfte Akt kam, und als Nicholas in der zweiten Szene auftrat, erntete er stürmischen Beifall. Er drehte und verrenkte sich, wirbelte im Kreis herum, zwirbelte seinen falschen Schnurrbart, ließ seine Stimme erschallen und vollführte die tollsten Kunststücke mit seinem Hut. Bei seinem Auftritt mit Hamlet und Horatio spielte er Richard Burbage und William Shakespeare regelrecht an die Wand, eine nicht geringe Leistung. Die Zuschauer brüllten, klatschten, stampften mit den Füßen und kreischten vor Vergnügen. Burbage war fuchsteufelswild. Und ebenso Robert Armin, der Blut und Wasser geschwitzt hatte, um in seiner langweiligen Rolle als Totengräber dem Publikum hin und wieder leises Gelächter zu entlocken (...)

Und jetzt neigte sich ein langer Nachmittag seinem Ende zu und *ebenso das Stück, die Geschichte von dem jungen Prinzen, der, wär er hinaufgelangt, unfehlbar sich höchst königlich bewährt hätte. Doch nun würde er nie mehr König werden. „Der Rest ist Schweigen", rief er. Und starb.*

Es war herrlich gewesen, schöner als William es sich vorgestellt hatte. Der Hof zu Helsingör, diese glanzvollen und so verdorbenen Gestalten, die in ihren prächtigen Gewändern über die Bühne rauschten, immer wieder, ruhelos wie die See. Und die doch nur Hintergrund waren. Hindergrund für jenen schwarz gekleideten jungen Prinzen, den er mit einer seltsamen, leidenschaftlichen Bewunderung liebte. Und er, der Schöpfer dieses Prinzen, den er mehr liebte als einen Bruder oder Sohn, hatte den Horatio, Hamlets treuen Freund, gespielt. (...)

Tommelwirbel, Böllerschüsse, Trauermusik. Hamlet, der edle Prinz, wurde von der Bühne getragen. Eine letzte Salve. Applaus, Hochrufe, Pfiffe. Murrend schoben sie auch Nicholas Fox nach vorn, damit er eine Ovation entgegennahm. Danach wanderte William erschöpft in der Garderobe umher, während Richard Burbage sich das Blut abwusch und sich bereitmachte für den Gang zum König ...

*

Auf *Burbage* folgte *Joseph Taylor*, dann ein gewisser *Thomas Betterton*, der nahezu ein halbes Jahrhundert den „Hamlet" spielte: **melancholisch, weltverachtend, zaudernd und verzweifelt uneins im Widerstreit seines kultivierten Geistes und edlen Wesens mit der Forderung KING HAMLET'S, Rache zu üben.** – Eine faszinierende Interpretation, die dank der Schauspielkunst dieses großen englischen Mimen viele Nachahmer fand und die Erwartungen des Publikums an die Verkörperung dieser Rolle bestimmte. –

Entsprechend dem **jeweiligen Zeitgeist** wurde im Schauspiel vieles geändert, gestrichen. Auch für die Regisseure wurde der HAMLET zu einem *Experimentierstück* ersten Ranges, und nicht nur Kongeniales wurde erreicht. So wurde immer wieder einmal die Totengräberszene gestrichen; Ophelias Wahnsinn wurde ausgespart, stattdessen wurde Gertrude, die Königin, an sich selbst irre, und auch Claudius blieb nicht verschont – er wurde zum Duellpartner des Prinzen gemacht. – Am heftigsten schieden sich die Geister natürlich an **Hamlet** selbst. War er nun wahnsinnig oder nicht, wie sollte er dargestellt werden? –

Später gab *John Phillip Kemble* für viele Jahre mit seiner HAMLET-INTERPRETATION den Ton an. Er spielte einen auf **Melancholie und Verzweiflung** angelegten Menschen, dessen **edle Gefühle zutiefst enttäuscht** worden sind. –

Die Herausforderung gerade dieses Schauspiels an Regisseure und Schauspieler ist begreiflich; trotz aller Experimente ist man jedoch immer wieder zum „echten Hamlet" zurückgekehrt, d.h. zu jener Rolle, die WILLIAM SHAKESPEARE zu Papier gebracht hat. – Es ist sicher anzunehmen, daß viel kerniges Drum und Dran dem Publikum damals die differenzierte Charakterveranlagung des jungen Prinzen vorenthalten hat. *Unterhaltung* war angesagt, *Spannung, Witz, Turbulenz.* Dem durchschnittlichen Theaterbesucher mochte es damals auch ziemlich egal gewesen sein, um welchen „Charakter" es sich da wohl auf der Bühne handelte. Hauptsache: „action" – um ein Wort aus dem Sprachgebrauch unserer Tage zu benutzen. –

Zwischen der **naiven** und **kritischen Rezeption** besteht ein ganz natürlicher Unterschied, der nicht erläutert werden muß, ein Unterschied in der *Auffassung, Sichtweise* und *„Deutung"* dieser Tragödie. Das gebildete Publikum heute, das den HAMLET im Theater sieht, ist allerdings schon eher auf einen „schwierigen" Hamlet vorbereitet, d.h. auf einen **extremen Charakter** und auf eine stark **nach Innen gerichtete Interpretation.** –

Ein wenig anders, trotz vieler Interpretationsähnlichkeiten, in *England:* hier trägt sich etwas von dem wohl sprichwörtlichen englischen

Humor auch in dieses Schauspiel hinein; dadurch wird der HAMLET beträchtlich entlastet. –

In der Tradition der HAMLET-INTERPRETATIONEN, sei es in England oder auf dem europäischen Festland, haben sich im wesentlichen *zwei Auffassungen* (auch in der Erwartung des Publikums) herausgeschält, deren Anhänger sich gewissermaßen in „gegensätzlichen Lagern" befinden. [17)] Heute neigt man eher dazu, einen zwar abwägenden, aber *konsequent auf die Tat zugehenden Hamlet* auf die Bühne zu stellen. –

Ich möchte auch in der hier entfalteten Interpretation (Kapitel **2.6**) diese Richtung einschlagen. Dabei sollen dem Leser jedoch auch mehr und andere Ansätze des Verständnisses nicht vorenthalten bleiben. –

Die Geschichte des englischen Theaters und der modernen Auseinandersetzung mit SHAKESPEARE'S HAMLET berühre ich noch einmal in den Teilkapiteln **3.1** und **3.2**.

2.3 Inhalt – kurzgefaßt

In diesem Kapitel erfüllen wir die Erwartungen desjenigen, der den HAMLET nur „diagonal" lesen und dennoch einen möglichst „abgerundeten" Eindruck des Stückes haben möchte, und auch des anderen, dessen genaue Lektüre lediglich einer Erinnerungsstütze bedarf, um sich die Fakten und Zusammenhänge rasch wieder zu vergegenwärtigen. Da es sich um einen ERLÄUTERUNGS– UND MATERIALIENBAND handelt, der eine Grundlage für weitgehend selbständiges Arbeiten liefern möchte, verzichten wir in diesem Kapitel – im Gegensatz zur älteren Ausgabe, auf die wir uns allerdings in anderem Zusammenhang wiederholt beziehen – auf Ausführlichkeit.

---

17) Auf der einen Seite wird **Hamlet** als der passive Schwächling angesehen. Demgegenüber steht eine Auffassung von ihm als „Tatmensch", der allmählich einsieht und sich dieses in schweren Kämpfen eingesteht, daß für den geistigen, empfindsamen und denkenden Menschen in der Welt der Lüge, Gewalt und Infamie kein Platz mehr ist.

- Das erste Teilkapitel (2.3.1) erlaubt eine rasche Orientierung. Wir möchten darin besonders die zentralen Geschehensmomente aufgreifen und die *Monologe Hamlet's* hervorheben.
- In einer etwas ausgeweiteten Form, mit Kurzkommentaren und erläuternden Fußnoten, fassen wir dann das Hauptgeschehen der einzelnen *Szenen* zusammen und gruppieren es um eine Skizze zur HANDLUNGS- und FORMALSTRUKTUR (2.3.2)

Wir beziehen uns im 2. Teilkapitel auf A. Gurr [18], dort freilich sind die Beziehungen der Szenen und Akte vertieft und mit Textzitaten abgestützt. Wir empfehlen dem Leser, das Original nachzulesen. Da es sich in unserem Kapitel lediglich um interpretierenden Sachkommentar handelt, der ohne weiteres aus dem deutschsprachigen Kontext der Inhaltswiedergabe verständlich wird, haben wir auf eine Übersetzung der englischen Zitate verzichten können.

2.3.1 Textstellen zur raschen Orientierung [19]

1. Aufzug (5-30)

---

18) Vgl. A. Gurr, Hamlet and the distracted globe, S. 80-114 („THE SEQUENCE OF EVENTS")
19) Seitenzahlen nach der Reclam-Ausgabe (Band 31), Stuttgart 1969/1986

2. Aufzug (31-52)

3. Aufzug (53-80)

Hamlets berühmteste Monologe:

2.3.2 – Szenischer Geschehensablauf

1. AUFZUG

1. Szene

Während einer Wachablösung erscheint KÖNIG HAMLET'S GEIST.
Die wachhabenden Soldaten sind verwundert und erschrocken. Dennoch spricht ihn Horatio an, doch der Geist verschwindet. [20]

Vermutungen über die Erscheinung; der Geist kommt erneut. Wiederum macht Horatio einen (vergeblichen) Versuch, mit ihm zu spre-

---

[20] Shakespeare concedes the necessity of the ghost as trigger for the plot, but having done so he
characteristically explains its origin no more than the capacity of its witnesses on stage can
cope with. – All threee of the standard Elizabethan ideas about ghosts are represented – the
soldiers taking the Catholic view that it is a soul from Purgatory. Horatio coolly sceptical about
the folklorish superstitions, reluctant to commit himself to an opinion on the theological que-
stion, and Hamlet (later) making the Protestant asuumption that it may be an angelic or develish
spirit but not any man's soul. The views reflect the holders. – A.Gurr, S. 81

chen. Marcellus schlägt gar nach ihm. Als der Hahn kräht, entschwindet der Geist. – Aberglaube hin und her: Horatio möchte dem jungen Hamlet berichten, was sich nun schon zu wiederholten Malen ereignet hat.

2. Szene

König Claudius hat seinen Hofstaat versammelt. Er bedankt sich für das Vertrauen und die Unterstützung nach seines Bruders Tod. Jetzt, da seiner Verbindung mit Gertrude, der Witwe und Erbin, nichts mehr im Wege steht, kümmert er sich um die Staatsgeschäfte. Deshalb nutzt er die Gelegenheit, auf die Gefahr aufmerksam zu machen, die von dem jungen Fortinbras ausgeht. Er befürchtet kriegerische Auseinandersetzungen und schickt zwei Gesandte, Voltimand und Cornelius, nach Norwegen, um den kranken norwegischen König zu mäßigendem Einfluß auf seinen forschen Neffen Fortinbras zu bewegen. –

Laertes, der Sohn des Polonius, möchte in Paris Urlaub machen. Claudius und auch Polonius zeigen Verständnis. Dann wendet sich die Königin an Hamlet und bittet ihn, der ein deutlich verändertes Wesen nach seines Vaters Tod zeigt, die veränderte Situation zu akzeptieren. Auch Claudius bittet ihn darum. Er möchte, daß er in ihm seinen Vater sieht. Er solle deshalb auch nicht nach Wittenberg zurückgehen. Hamlet widerspricht nicht. Aus Freude über den offensichtlich guten Anfang ihrer neuen Beziehung läßt Claudius ein großes Fest ausrichten. – Hamlet bleibt allein zurück. Er formuliert in einem Monolog seinen Abscheu über das Leben. Ihm will nicht in den Kopf, daß Gott die Welt so geschaffen haben soll. – Gänzlich unfaßbar ist ihm, daß seine Mutter nach dem Tod ihres Mannes so schnell in eine neue Ehe einwilligte. – Horatio unterbricht seine trüben Gedanken. Hamlet freut sich sehr, seinen Wittenberger Studienfreund zu sehen. Horatio berichtet ihm von der Erscheinung. Hamlet will alle Einzelheiten wissen und ist bereit, während der kommenden Nachtwache auf den Geist zu warten und mit ihm zu sprechen. Allerdings müssen Horatio und die beiden anderen Soldaten ihm versprechen, niemanden über die Vorgänge zu informieren.

3. Szene

Laertes verabschiedet sich, um nach Paris zu gehen. Seiner Schwester Ophelia rät er eindringlich, sich von Hamlet's Werben nicht beeindrucken zu lassen. Die Staatsraison lasse ohnehin nicht zu, daß er sie heiraten werde. Ophelia verspricht, den Rat des Bruders ernstzunehmen. – Polonius, ihr Vater, kommt hinzu und drängt seinen Sohn zum Aufbruch. Auch er verlangt von Ophelia, daß sie sich von Hamlet fernhalte.

4. Szene

Um Mitternacht erscheint der Geist Hamlet und den Soldaten, die auf Wache sind. Im Schlosse ist ein turbulentes Fest im Gange. Hamlet erkennt in dem Geist seinen Vater und will von ihm den Grund seines nächtlichen Umherirrens wissen. Der Geist winkt ihm; Hamlet soll ihm folgen. Die Freunde eilen nach.

5. Szene

Der Geist und Hamlet sind auf einem entfernten Teil der Terrasse. Hier nun offenbart der Geist, daß er als König Hamlet von seinem Bruder vergiftet worden ist und dafür büßen muß, daß er ohne Beichte und letzte Ölung als Sünder die Welt verlassen hat. Hamlet ist zur heiligen Rache verpflichtet. Er soll aber nur seinen Onkel zur Rechenschaft ziehen und nichts gegen seine Mutter unternehmen. Sie müsse mit den Gewissensqualen weiterleben. – Als der Geist verschwunden ist, verlangen die Freunde von Hamlet Auskunft . – Dieser gibt aber nur ausweichende Antworten. Noch einmal beschwört er sie, niemandem etwas über den Geist zu verraten. – Erregt gehen alle ab.

2. AUFZUG [21]

1. Szene

Polonius schickt Reynaldo (Reinhold) nach Paris zu seinem Sohn Laertes. Er soll Geld und Papiere erhalten, auf der anderen Seite will Polonius wissen, was Laertes tut. Nur recht unwillig erfüllt Reynaldo die Forderungen seines Herrn. – Als Reynaldo fort ist, eilt Ophelia erschreckt und verstört herbei. Hamlet sei ihr ganz merkwürdig abwesend begegnet, so als wäre er von Sinnen. Polonius ist sicher, daß unglückliche Liebe der Grund für Hamlet's Verhalten sein muß. Er geht mit seiner Tochter zu Claudius, um diesem davon zu berichten.

2. Szene

Der König hat zwei Jugendfreunde Hamlet's, Rosenkranz und Güldenstern an den Hof rufen lassen. Sie sollen der Veränderung Hamlet's nachspüren und ihn aufmuntern. Sie werden zu dem Prinzen geführt. Polonius meldet gute Botschaften aus Norwegen. [22]

Eifrig bemüht sich Polonius, den König zu überzeugen, daß Hamlet aus verschmähter Liebe seinen Verstand verloren hat. Er schlägt ihm vor, ein Treffen zwischen Hamlet und Ophelia herbeizuführen, das sie belauschen wollen. Zögernd willigt Claudius ein. –

Als Polonius gegangen ist, erscheinen Rosenkranz und Güldenstern. Sie wollen zu Hamlet. Mißtrauisch gegen jeden, entlockt er ihnen

---

21) A. Gurr bezeichnet diesen Aufzug als „the spying act". – Vgl. S. 87
22) Die gute Botschaft bedeutet, daß es keinen Krieg geben wird, Fortinbras aber zugestanden werden soll, daß seine Truppen ungehindert das Land passieren dürfen auf ihrem Zug gegen Polen.

durch geschickte Fragen, welchen Auftrag sie haben. – Hamlet erklärt ihnen, daß er seit einiger Zeit alle Zuversicht und Lebensfreude verloren habe. Um ihn aufzurichten, schlagen die beiden ihm vor, einem Aufführungsabend einer Schauspieltruppe beizuwohnen, die gerade hier sei. Hamlet ist sichtlich beeindruckt von der Neuigkeit, denn er wähnt sie in London. Er erfährt, daß eine modische Neuerung der Grund für häufiges Reisen der Schauspieler sei. [23)

Hamlet wünscht sich von einem erfahrenen, alten Schauspieler eine Stelle aus der Ansprache des ÄNEAS AN DIDO, in der es um die Ermordung des greisen Priamus geht. Ergriffen lauscht Hamlet den vorgetragenen Versen. Er läßt daraufhin die Schauspieler großzügig bewirten und bittet, daß die Truppe am nächsten Abend DIE ERMORDUNG DES GONZAGO spielen solle. Er selbst will noch einige Verse hinzufügen.

Wieder allein, macht sich Hamlet Vorwürfe für sein anhaltendes Zögern, vertraut aber darauf, daß Claudius, wenn er denn wirklich schuldig ist, durch das Schauspiel entlarvt wird. Die Schauspieler sollen dem König die Ermordung König Hamlet's vorspielen.

---

23) Gegen 1600 kamen in London sogenannte „Kindertheater" auf, in denen Kinder Theater spielten. Diese „Neuerung" brachte viele Zuschauer ins Theater und brach gewissermaßen mit den Traditionen der Rollenbesetzungen. Theatertruppen, die sich darauf noch nicht eingestellt hatten, mußten auswärtige Engagements annehmen, um ihre Einkünfte zu sichern.

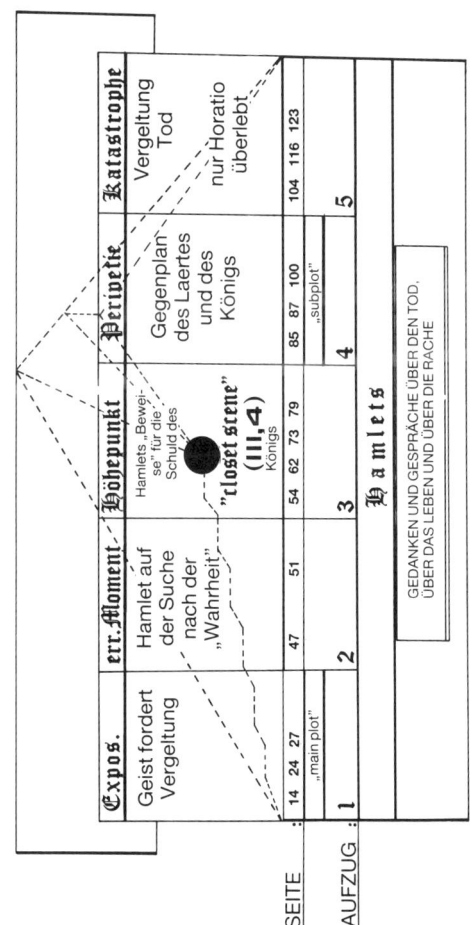

Expos.	err. Moment	Höhepunkt	Peripetie	Katastrophe
Geist fordert Vergeltung	Hamlet auf der Suche nach der "Wahrheit"	Hamlets "Bewei-se" für die Schuld des Königs "closet scene" (III,4)	Gegenplan des Laertes und des Königs	Vergeltung Tod nur Horatio überlebt
14 24 27	47 51	54 62 73 79	85 87 100	104 116 123
"main plot"			"subplot"	
1	2	3	4	5

SEITE :

AUFZUG :

H a m l e t s

GEDANKEN UND GESPRÄCHE ÜBER DEN TOD,
ÜBER DAS LEBEN UND ÜBER DIE RACHE

37

3. AUFZUG

1. Szene

Rosenkranz und Güldenstern können Claudius über Hamlet's wirklichen Zustand nichts Konkretes mitteilen. Sie laden den König und die Königin zu einer Theatervorstellung ein, die am Abend stattfinden soll. Claudius und Gertrude nehmen an. Hamlet wird darüber verständigt. –

Wie verabredet belauschen Claudius und Polonius das Gespräch zwischen Hamlet und Ophelia. Es nimmt bald einen dramatischen Verlauf an. Hamlet gerät außer sich. Ophelia ist tief betroffen. Sie kann nicht fassen, daß Hamlet so verwandelt ist. – Polonius und Claudius sind nun sicher, daß Hamlet nicht aus unglücklicher Liebe den Verstand zu verlieren droht. Claudius ahnt, daß sein Stiefsohn eine schwere Gewissenslast trägt. Um Ärgeres zu vermeiden, will er Hamlet nach England schicken. Polonius macht dem König den Vorschlag, Hamlet nach der Theateraufführung allein mit seiner Mutter sprechen zu lassen. Er wolle das Gespräch belauschen und werde sich bemühen, mehr herauszufinden.

2. Szene

Vortrag Hamlet's über die wahre Schauspielkunst. Polonius, Rosenkranz und Güldenstern kündigen die Ankunft des Königspaares an. Hamlet weist die Schauspieler an, alles zum Spiel vorzubereiten. Dann erläutert er Horatio den Plan, durch das Schauspiel den König zu einem Schuldgeständnis zu bringen. Horatio sagt Hamlet seine Unterstützung zu. – Während des Spiels verläßt Claudius erregt den Saal. Hamlet ist nunmehr sicher, daß der König schuldig ist. –

Rosenkranz und Güldenstern teilen ihm mit, daß seine Mutter auf ihn warte. Hamlet durchschaut das Doppelspiel seiner ehemaligen Studienfreunde. –

Hamlet geht schließlich, will aber gemäß der Aufforderung des Geistes, nichts gegen seine Mutter unternehmen.

3. Szene

Dem König ist klar, daß sich seine Situation ändern wird. Er wähnt sich allein und betet um Gnade für sein Verbrechen. So trifft ihn Hamlet und will seine Rache vollenden. Doch er zögert abermals, um eine günstige Gelegenheit abzuwarten. Er will den ins Gebet Versunkenen nicht töten; das widerspräche seiner und der Zeit Ehr- und Glaubensauffassung. [25].

Claudius, der nichts von Hamlet's Anwesenheit ahnt, erhebt sich wieder. Er fühlt sich auch nach dem Gebet nicht freier.

4. Szene

In dem heftiger werdenden Gespräch zwischen Hamlet und seiner Mutter kommt es zu einem handfesten Mißverständnis: als Gertrude aus Angst um Hilfe ruft, tut es der hinter einem Vorhang verborgene Polonius auch, und Hamlet ersticht ihn. –

Gertrude verurteilt sein unkontrolliertes, überstürztes Handeln, das so blutig endet. Doch Hamlet hält ihn entgegen, daß es verwerflicher sei, „einen König zu töten und in die Eh' mit seinem Bruder zu treten". – Die Königin muß sich sagen lassen, daß er von ihr Reue und Loyalität erwarte. – Er versteckt Polonius' Leichnam.

---

24) A. Gurr macht darauf aufmerksam, daß in diesem 3. Aufzug Dinge dramatisch beschleunigt werden, die im folgenden 4. Aufzug ihre rasante Temposteigerung erfahren: „... The pace of events accelerates through Act 3, and from the start some certainties begin to emerge from the clouds of suspicion." – S. 90

25) „... To kill a man at prayer was a disgrace like cutting his throat in the church, the worst offence Laertes can think of. – A. Gurr, S. 97

4. AUFZUG

1. Szene

Die Königin entschuldigt gegenüber ihrem Mann das Verhalten Hamlet's mit seinem offenkundigen Wahnsinn. Claudius, der sich der Gefahr, in der er sich befindet, voll bewußt ist, befiehlt Rosenkranz und Güldenstern, Polonius Leiche herbeizuschaffen. Mit seinen Ratgebern will er sodann entscheiden, wie er Gerüchten entgegentreten kann, die ihn mit dem Tod des Polonius in Verbindung bringen.

2. Szene

Rosenkranz und Güldenstern dringen in Hamlet, um zu erfahren, wo er die Leiche versteckt hält. Hamlet mokiert sich über sie, verachtet ihre Eilfertigkeiten vor dem König und will zu Claudius gebracht werden.

3. Szene

Claudius weiß, daß er öffentlich nichts gegen Hamlet unternehmen kann. Das Volk liebt seinen Stiefsohn. Nur ein Hinterhalt kann helfen, der sich herbeiführen und kachieren läßt. – Hamlet wird hereingeführt. Um seiner eigenen Sicherheit willen solle er schleunigst nach England gehen. Hamlet zeigt sich wenig überrascht und willigt ruhig in den Vorschlag ein. – Noch vor Anbruch der Nacht soll die Abreise sein. – Wieder allein spricht Claudius seinen Wunsch und seine Hoffnung aus: Hamlet möge den Tod finden, so wie er, Claudius, es in einem versiegelten Schreiben befohlen hat.

4. Szene

Auf dem Weg zum Hafen stößt Hamlet auf norwegische Truppen. Sie befinden sich auf ihrem Kriegszug gegen Polen und wollen nun um das vereinbarte freie Geleit durch Dänemark anhalten. – Hamlet bewundert den Tatendrang des jungen Fortinbras, der wagt (und dabei gewinnt).

Hamlet selbst hat bisher gezögert und, obwohl ihm genügend Anlaß zur Tat gegeben ist, nicht gehandelt. Jetzt aber erhält er seinen endgültigen Anstoß, die Rachepflicht wirklich zu erfüllen.

5. Szene

Der Tod des Vaters und Hamlet's geistige Verwirrung haben Ophelia schwer erschüttert; sie ist geistig umnachtet. Vor der Königin hält sie wirre Reden und trägt unzüchtige Lieder vor. Gertrude ist voller Mitleid mit ihrem Schicksal. –

Laertes ist heimlich aus Paris zurückgekommen. Gerüchte über den Tod seines Vaters sind zu ihm gedrungen, und Claudius selbst soll ihnen zufolge beteiligt sein. An der Spitze einer aufgebrachten Menge stürmt Laertes in das Schloß. Das Volk will ihn zum König ausrufen. Unerschrocken tritt Claudius der Menge in den Weg und er kann Laertes rasch beruhigen und ihm den wirklichen Mörder seines Vaters nennen. Er verspricht darüberhinaus Genugtuung für die feige Tat. – Ophelia kommt hinzu, Lieder singend und Blumen verteilend. Als Laertes seine Schwester in diesem Zustand sieht, befällt ihn tiefe Traurigkeit. Er akzeptiert den Vorschlag des Königs, nichts zu überstürzen und den Fall untersuchen zu lassen, um den Schuldigen öffentlich zur Rechenschaft zu ziehen.

6. Szene

Horatio erhält einen Brief Hamlet's, in dem er gebeten wird, die Boten zum König zu lassen. Seeräuber hätten ihr Schiff aufgebracht, ihn selbst gefangengenommen, während Rosenkranz und Güldenstern ihre Reise fortsetzen könnten. Horatio solle sofort zu ihm kommen.

7.Szene

Laertes ist überzeugt worden, daß Hamlet seinen Vater ermordet hat. – Da überbringt ein Bote Hamlet's Brief mit der Nachricht, daß er am nächsten Tage vor dem König erscheinen werde. – Laertes sieht die Stunde seiner Rache gekommen. Claudius schlägt ein Duell vor. Laertes geht sofort darauf ein. Um Hamlet ganz sicher zu töten, will er die Spitze seines Rapiers vergiften. Auf alle Fälle will Claudius noch einen vergifteten Wein bereitstellen, von dem Hamlet während einer Kampfpause trinken soll. - Noch indem beide Männer den Plan besprechen, kommt Gertrude hinzu und berichtet, daß Ophelia ertrunken ist. Laertes wird noch mehr gegen Hamlet aufgebracht, in dem er jetzt auch noch den Mörder seiner Schwester sieht. –

Die kurzen, rasch aufeinanderfolgenden Szenen dieses 4. Aktes deuten die dramatische Beschleunigung der Ereignisse an, so äußert sich auch A. Gurr, nach dessen Ansicht sie aber noch nicht von unvermeidbar zwingender finaler Konsequenz sind. [26]

---

26) „The movements of men and events are swift in these scenes, yet still they continue to move crabwise around the final confrontation." – A. Gurr, S. 103

5. AUFZUG

1. Szene

Totengräber respektlos bei der Arbeit. [27)]
Ophelia's Grab wird ausgehoben. Der mit Horatio hinzutretende Hamlet ist erbost und fühlt sich angewidert bei soviel Oberflächlichkeit und Respektlosigkeit. Er sinniert über die Vergänglichkeit des Irdischen.

Ein Leichenzug kommt; auf königlichen Befehl wird Laertes Schwester in geweihter Erde bestattet. Der Priester, der den Leichenzug begleitet, verweigert ihr das Gebet. Laertes ist aufgebracht und springt in das offene Grab mit Flüchen für denjenigen, der Schuld am Wahnsinn und Tod seiner Schwester trägt (Hamlet).

Da springt auch Hamlet in die Grabstätte und kämpft mit Laertes, bis sie vom königlichen Gefolge getrennt werden.

Hamlet gibt Laertes zu verstehen, daß es ihm unbegreiflich sei, warum dieser ihn so hasse. Er habe ihn und natürlich Ophelia immer geliebt.

Der König rät Laertes zu Geduld und erinnert ihn an ihr Gespräch vom Vortage. – Er veranlaßt eine Bewachung Hamlet's.

2. Szene

Die Reise hat Hamlet bewiesen, wie wichtig für ihn rasches Handeln ist: den Mordplänen seines Stiefvaters ist er mit einem überlegenen Gegenplan entgegengetreten, nicht weniger kühl, berechnend und

---

27) Die Totengräber setzen hier die Tradition der „clowns" fort, zu denen **W.T. Andrews** schreibt: „The Clown or Fool had a long stage-history behind when Shakespeare took him over (...) The Fool is fundamental to Shakespearian comedy (...) because they symbolize and embody what is one of the outstanding features of Shakespearian comedy in general. They are at once butts and critics, as the „allowed Fool" had always been at court and in castle throughout the Middle Ages." – W.T. Andrews (ed.), S. 75-76

diplomatisch-verschwiegen, und das Gespann Rosenkranz/Gülden-stern wird ihm zum Opfer fallen.

So ist er auch zum Handeln entschlossen, als Osrick ihn im Auftrage des Königs fragt, ob er die Herausforderung zu einem Zweikampf mit Laertes annehmen wolle. Ohne bedenken sagt Hamlet zu, trotz der

Warnungen des treuen Freundes Horatio. Allerdings gesteht ihm Hamlet, daß er schlimme Ahnungen habe.

Zum festgesetzten Zeitpunkt des Duells erscheint unter den Zuschauern auch das Königspaar. Claudius ist scheinbar auf eine Versöhnung der beiden Kontrahenten aus, und auch Hamlet bietet seinem einstigen Freunde die Hand. Doch Laertes besteht auf dem Duell.

In einer Kampfpause ergreift die Königin den Pokal mit dem vergifte-ten Wein. Sie trinkt Hamlet zu, noch ehe Claudius es verhindern kann. – Der Kampf geht weiter, und Laertes verwundet Hamlet, der merkt, daß sein Gegner mit scharfer Klinge und Spitze kämpft. Hamlet gelingt es, das Rapier zu tauschen und nun seinerseits Laertes zu ver-wunden. – Die Königin sinkt sterbend zu Boden.

Laertes gesteht Hamlet nun die Verschwörung und sagt ihm, daß beide auch sterben müssen. Hamlet zwingt Claudius, von dem vergif-teten Wein zu trinken und ersticht ihn. Er fühlt seinen Tod und bittet Horatio, der wie ein „alter Römer" mit ihm sterben möchte, die Öffent-lichkeit über die Hintergründe des Vorgefallenen und über den wah-ren Hamlet zu unterrichten.

Da hört man aus der Ferne kriegerische Musik und Salutschüsse. For-tinbras kehrt siegreich aus Polen zurück. Ehe Hamlet stirbt, prophe-zeit er, daß Fortinbras König von Dänemark werden wird.

Fortinbras, ohne zu ahnen, daß er bereits Hamlet's Votum hat, bittet Horatio, alle Edelleute des Landes zu versammeln. Er habe alte

Rechte auf Dänemark anzumelden. [28] – Daraufhin läßt er Hamlet's Leichnam aus dem Schloß tragen und seine feierliche Aufbahrung vorbereiten.

2.4 Sachliche und sprachliche Erläuterungen

Wollte man die vielen mythologischen Anspielungen, die eigenwilligen sprachlichen Fügungen und die ungewöhnlich reichhaltigen „lebensvollen" Sentenzen aus dem HAMLET hier versammeln, käme man aus dem Aufspießen philolgisch hochinteressanter Details nicht mehr heraus. Wir sind der Ansicht, daß der Text verständlich ist (auf einer notwendigerweise reduzierten Ebene), auch ohne daß der Leser mit Erläuterungen überhäuft werden muß, die das Problem nach sich zögen, wiederum nach weitergehenden Erläuterungen zu verlangen. Daher beschränken wir unsere Angaben in diesem Teilkapitel auf ganz wenige Informationen, die aus der Fülle dessen, was Shakespeare aufbot und was ihm offenbar ganz selbstverständlich zu Gebote stand, einen kleinen Eindruck vermitteln. Der Zuschauer, der sich diesem Trommelfeuer der Gelehrsamkeiten ausgesetzt sah (vgl. Kapitel 3.1), hat viele der Angaben ebenso wenig verstanden wie die meisten von uns Heutigen. Dennoch hat er das (handlungsintensive) Geschehen genossen und dem Stück darüber hinaus auf seine eigene Weise einen Sinn und Wert abgelesen.

Wir konzentrieren die Akzente deshalb mehr auf die Handlung selbst und auf Hamlet, die Titel- und Kristallisationsfigur der Tragödie. Im übrigen wird jeder an einer vertiefenden Nacharbeit interessierte Leser/Studierende nicht umhin können, sich weiterführender *Literaturhilfe* zuzuwenden. Er mag unseren Literaturangaben entnehmen,

---

28) Nicht ohne Irnoie überträgt Shakespeare einem Mann wie Fortinbras das Schlußwort. Dazu **A. Gurr**: „The throne lies in his way, and he will fall into it. Like the other Hotspur figure Laertes he has studied the case for revenge only casually, antithesis of Hamlet, and at the last, unhampered by Laertes' plotting or Hamlet's judgement, he carries off the prize. The play's last irony comes aptly from the mouth of such a man. His only criteria the honours of military action, he orders for young Hamlet a military cortege." – S. 114

was ihm wertvoll erscheint. Wir möchten bereits von dieser Stelle aus nachdrücklich auf Reclams Erläuterungen und Dokumente („grüne Reihe") hinweisen. Angesichts der Komplexität des HAMLET ist es wirklich ratsam, notwendig und vernünftig, sich hernach mit Details zu befassen, deren Hintergrundverständnis den Genuß der Lektüre steigert.

Schauplatz der Tragödie

Helsingör/Elsinor, eine Stadt an der Ostküste der dänischen Insel Seeland. Die Stadt hatte aufgrund ihrer bevorzugten Lage am Sund eine wichtige strategische Bedeutung erhalten, denn von passierenden Schiffen wurden Zollgelder („Sundzölle") verlangt. Friedrich II. hatte dort das Schloß Kronborg gebaut (1577). Dort spielt das Stück.

Das Europa des 15. und 16. Jahrhunderts war voller dramatischer Gegensätze. Ein System der (macht-) politischen Gleichgewichte sollte erkämpft werden. Partner und Gegner wechselten rasch. Nordeuropa spielte in diesem Prozeß insoweit eine wichtige Rolle, als es zum Kampffeld unterschiedlicher religiöser, politischer und dynastischer Rivalitäten wurde. Seine Zerrissenheit ermöglichte das Erstarken Rußlands und den wachsenden Machteinfluß Moskaus auf Westeuropa. Dänemark selbst lag in ständiger Fehde mit seinem damaligen Erzfeind Schweden, wurde aber erst im Verlaufe des 30-jährigen Krieges (1618-1648) von seinem nordöstlichen Nachbarn überrundet.

Zu Shakespeare's Zeiten war die lange und stolze Geschichte der dänischen Könige auf Wandteppichen dargestellt, die in der Schloßhalle hingen. Shakespeare ist wahrscheinlich niemals dort gewesen, hatte aber von den örtlichen Gegebenheiten eine präzise Vorstellung. Es ist anzunehmen, daß er sie von Schauspielerkollegen erfahren hatte, die dort gastierten.

Für die Engländer rückte Dänemark mit Schloß Kronborg ein gutes Jahrzehnt vor der (wahrscheinlichen) Niederschrift des HAMLET durch die Hochzeit Jakobs I. mit Anna von Dänemark ganz nah auch in das Blickfeld des öffentlichen Interesses (1589).

* * *

I,2 *„Und der feuchte Stern ..."*: Damit ist der Mond gemeint (Ebbe und Flut). Die Mondfinsternis, die am 20. Januar 1598 stattfand, wurde wiederholt zur Datierung des Werkes herangezogen, ohne daß dieses Faktum ernsthaft überzeugen konnte.

„Apoll bei einem Satyr": (engl.: Hyperion to a satyr). – Hyperion wird mit einem Satyr verglichen. Hyperion, Vater des Helios, ist ein Titan. In Schlegels Übertragung: Apoll.

I,3 *„Und die vom ersten Rang und Stand ..."*: frei: und die besonders Wählerischen und Großzügigen gehen mit gutem Beispiel voran.

I,4 *„... als Sehnen des Nemeer Löwen"*: Zu Ehren Zeus's wurden alle zwei Jahre in den Bergen von Korinth Festspiele veranstaltet. Dort, südlich des Tales von Nemea, erwürgte Herkules den für unbesiegbar geltenden Nemeischen Löwen.

I,5 *„... das feiste Kraut ... an Lethes Bord"*: Mohnblumen, die im Flusse des Vergessens blühten. Quelle möglicherweise Ovids „Metamorphosen".

„Doch, bei St. Patrick": Schutzheiliger; der Legende nach hat er Irland von Schlangen befreit.

II,2 *O Jephta, Richter Israels"*: alte Ballade, von Hamlet zitiert, die im biblischen Gleichnis das Schicksal Ophelia's vorwegnimmt.

III,2 *Hekate"*: griechische Göttin der Gespenster und bösen Geister („Hekatomben").

„*... mein Damon"*: Phintias und Damon, zwei einander sprichwörtlich treue Freunde aus Syrakus.

IV,5 *„Sankt Valentins Tag"*: Tag der kleinen Geschenke; noch heute schenkt man sich in England an diesem Tag (15. Februar) Geschenke („Valentines").

IV,7 *„Stellen alter Weisen"*: gemeint sind Stücke aus alten religiösen Hymnen. Es ist möglich, daß Shakespeare aufmerksam machen wollte auf die tragische Ironie eines mit Gott versöhnten Schicksals, dem aber das christliche Begräbnis versagt bleibt.

V,1 *„... hoch über Pelion"*: Hoher Berg in Thessalien. Im Kriege gegen die olympischen Götter wälzten Riesen Steine zum Pelion an, um ihre Feinde zu erreichen.

V,2 *„Ich bin ein alter Römer"*: bezieht sich auf die Gewohnheit der Römer, ergeben und freiwillig ihren Herren nachzueifern.

2.5 Die Personen der Tragödie

Der tragische Konflikt, ausgelöst durch die Erscheinung des ermordeten *King Hamlet*, entwickelt sich in einem äußerst komplexen Beziehungsgefüge der handelnden Personen und ihrer Rollendefinition um Hamlet zur unvermeidbaren Katastrophe. [29] Trotz vielfältiger Verbindungen innerhalb der Gruppen von Haupt- und Nebenfiguren lassen sich *drei Hauptgruppierungen* von Personen in dieser Tragödie erkennen:

---

29) „First things last: the verbal, psychological and moral nuances in the play would have none of their peculiar complex intensity without their setting in the dramatic action." – Vgl. A. Gurr, S. 80.

- Eine Gruppe von Personen, die Hamlet nahestehen (Horatio u.a.).
- Eine zweite Gruppe, die den Gegenpart bildet (Claudius, Polonius u.a.).
- Eine dritte Gruppe, die zwischen beiden Polen hin- und hergerissen wird (Ophelia, Gertrude) bzw. unbeeinflußt und selbständig agiert (Fortinbras).

Isoliert man Hamlet aus diesem Kontext, dann tritt mit ihm eine Persönlichkeit in Erscheinung, in der sich die ganze Breite menschlicher Verhaltensweisen repräsentiert, und die sich in eine Vielzahl von Charakteren spaltet, von denen jeder für sich in der Tragödie funktional eine Rolle zu erfüllen hat, zugleich aber Hamlet's Gefühle und Reflexionen widerspiegelt. Man kann sagen, alle sind ein Stück von ihm. [30]

Wir geben in diesem Kapitel eine Übersicht der Hauptfiguren, aus der Hamlet bewußt ausgeklammert bleibt; ihm ist das folgende Kapitel vorbehalten. Dabei kommt es uns darauf an, in wenigen Strichen zu umreißen, mit wem Hamlet es zu tun hat, um eine Ausgangsposition zu schaffen für die Auseinandersetzung mit der Zentralfigur dieser Tragödie.

Die Königin und Mutter Hamlet's, **Gertrude**, ist die erste bedeutende weibliche Figur voller Zwiespältigkeiten und beinahe gänzlich undurchsichtig. In keinem Augenblick, in keiner Szene wird deutlich, wer sie ist und wo sie wirklich steht. Sie ist bemüht um ihren verdüsterten Sohn und sie hat auch Verständnis für seine und Ophelia's Situation. Aber sie bekennt sich nicht zu ihnen. Es wird auch nicht deutlich, wie sie zu Claudius steht, und auch als sie den Giftbecher nimmt, der für Hamlet bestimmt ist, bleibt offen, ob sie sich willentlich den Tod gibt oder nicht. Sie versagt vor Hamlet. Es dürfte keine Frage sein, daß die unentschieden schwankende, neurotische Verklem-

---

30) Vgl. analog dazu das „mehrfach gespaltene Ich" Gerhart Hauptmanns, obwohl SHAKE-SPEARE sich selbst möglicherweise weniger subjektiv, d.h. auf seine eigene Person bezogen abildet als dies Hauptmann tut.

mung ihres Sohnes verstärkt wird durch ihr Verhalten. [31] Andererseits leidet sie angesichts der seelischen Qualen Hamlet's. Dennoch mag zutreffend sein, was Gundolf ihr zuschreibt, sie sei „schwach, lässig in der Sinnlichkeit ihres Blutes und im einfachen Hinnehmen der gegebenen Tatsachen." [32] Ihre natürliche Leichtigkeit und Heiterkeit reichen jedoch nicht aus, um die Katastrophe zu verhindern.

So wie man in Gertrude wohl keinen schlechten Menschen allein sehen kann, vermag man auch **Claudius** keineswegs nur negativ zu etikettieren. Er ist eine komplexe Figur mit starken politischen Talenten, mit Gespür für taktische Notwendigkeiten, entscheidungsbewußt und konsequent. Sein ewiges Lächeln trägt abstossende Züge, und seine Neigung zu Trunk und rauschhaften Festen deutet Schwächen an, die ihn aber zu einer interessanten, herausfordernden Figur machen. Er zeigt durchaus, daß er ein starker Regent sein will (und ist), mutig und souverän. [33] Während er in den Aufzügen 1-3 noch gewinnend auftritt und auch unser Mitleid anrührt, als er reumütig betet und bekennt, zeigt er in den beiden folgenden Akten sein anderes Gesicht. Er versucht alles und scheut vor nichts zurück, Hamlet aus dem Weg zu räumen, denn er weiß, daß ihm nur von dort wirkliche Gefahr droht.

Ein zwielichtiger Charakter ist mit Entschiedenheit **Polonius**. Bei Hofe genießt er Privilegien aus alten Verdiensten unter King Hamlet, aber auch unter Claudius wegen seiner Fähigkeit der geschmeidigen Anpassung an neue Situationen. Er ist „verläßlich" in seiner würdevollen, bisweilen lächerlich anmutenden Steifheit, mit der er bei Hamlet nichts gewinnen kann. Sein Intrigenspiel macht auch vor dem eigenen Sohn nicht halt. Der Hinweis, daß sein Name „von Polen" bereits das

---

31) Gertrude's conduct is still his main concern ..." lesen wir bei A. Gurr im Kontext mit den Vorgängen des 3. Aufzuges.

32) zitiert bei E. Neis, S. 72

33) „Between the Hamlet world and the Claudian world there is an anbridgeable gulf; they are alternative societies. The Claudian world is a practical one, and within its own terms markedly more successful than the Hamlet world in maintaining law and order, peace and prosperity in the land. Claudius fights with superb skill and resolution for the security of his „state" ..." – Vgl. A. Gurr, S. 30

Verschlagene und Hinterhältige impliziere [34], erscheint etwas überzogen, selbst wenn man in Rechnung stellt, daß erfahrungsbedingte Seitenhiebe aus der Zeit heraus wahrscheinlich gewesen sind. Polonius erscheint in allem viel zu höfisch, ichverliebt, von sich selbst überzeugt, geschwätzig. Der Hof brauchte solche Menschen, die eilfertig und in unkritischer Servilität ihrem Souverän huldigten – bis heute mag sich daran nicht allzu viel geändert haben. Als Ratgeber wird Polonius ernstgenommen, wagt sich aber zu weit vor und bezahlt dafür mit einem unrühmlichen Tod. – SHAKESPEARE mag von Höflingen, besonders von solchen, nicht allzu viel gehalten haben, denn er macht sie zur Spottfigur, deren verkrampfte Ernsthaftigkeit wie eine Karikatur aufgespießt wird.

Laertes und Ophelia, Sohn und Tochter des Polonius, sind in ihren Gefühlen gegenüber Hamlet gespalten. Beide sind „innocents" (Unschuldige), mißt man sie an ihrer Umgebung. Ihre Jugend, ihr Temperament und die familiären Bindungen bringen sie in schwere Konflikte, zerstören schließlich ihr Leben.

Laertes, ein Hitzkopf und unpolitischer Charakter, dem es stets mehr um die höfischen Formen und Rituale als um die wirkliche Klärung anstehender Fragen und Probleme geht, wächst dabei zu einem wichtigen Widerpart Hamlet's empor. Er ist unkritisch und läßt sich benutzen. Dabei spielt er jene Rolle, die Claudius und Polonius ihm zugedacht haben, um ihr Ziel zu erreichn. –

Ophelia ist die gehorsame Tochter und loyale Schwester schwankend in ihren Gefühlen für Hamlet und den Pflichten gegenüber der Familie, deren Ruf und Ehre sie nicht auf's Spiel setzen darf. Obwohl ihre Liebe zu Hamlet tief und echt ist, zeigt sie sich leicht beeinflußbar. Bruder und Schwester werden zu tragischen Fehlentscheidungen verleitet. – Es ist bemerkenswert, daß Hamlet mit der wachsenden Distanz zu den Menschen, die er am meisten liebt (Gertrude, Ophelia,

---

34) „In the context of the Fortinbras subplot, Polonius' name, which means „from Poland", is worth noting. Though a comic figure at whose bureaucratic doubletalk we are meant to laugh, he has a visibly sinister side as well, a penchant for political intrigue and spying. While his tactics are shady, his intentions are usually good, maing him, like Clauius, a mixture of good and evil." - Vgl. BARRON'S BOOK NOTES, S. 20

Laertes) zu seinen einsamen Entscheidungen findet, die angesichts der *Oberflächlichkeit, Blindheit, Gleichgültigkeit und Verderbtheit* seiner Umgebung nur umso „vernünftiger" und begründeter sind.

Dem jugendlichen Laertes steht mit **Horatio** eine weitere jugendliche Gestalt gegenüber, die allerdings mit unverbrüchlicher Aufrichtigkeit zu Hamlet hält. Horatio ist ein Studienfreund Hamlet's, ein beherrschter und kontrollierter Kopf, dessen maßvolles Auftreten und Verständnis für Hamlet schließlich unentbehrlich werden. Er überlebt die Katastrophe, vielleicht weil er ohne Schwanken nach rechts und links seinen Weg geht. Vom Eifer eines Laertes ist er ebenso weit entfernt wie von der selbstzerstörerischen Grübelei eines Hamlet, von intriganter Dienstfertigkeit eines Osrick ebensoweit wie von dem stürmischen Tatendrang eines **Fortinbras**, der vielleicht im auffälligsten Kontrast zu den genannten Vertretern der jungen Generation steht. Er ist dort zu Hause, wo Mannesmut und Waffengeschick die Szene bestimmen. Was er tatkräftig angeht, gelingt. Er ist der Siegertyp, der erfolgreich heimkehrt, um alte Ansprüche geltend zu machen.

Was er an Mut und Stärke im Kampf offenbart, fehlt ihm an Takt und moralischer Qualität. [35] Aber eine neue Zeit fragt nach anderen Werten.

In der großen Zahl der Nebenfiguren fallen besonders ~~Rosenkranz~~ *after Polen* und ~~Güldenstern~~ auf. An ihnen vollzieht sich gnadenlos das Verhängnis, an dessen Entwicklung sie so fahrlässig mitwirken. Möglicherweise zunächst wirklich arglos, auf jeden Fall aber mit der ihnen zugedachten Aufgabe im Zuge Vorgänge überfordert, sehen sich die ehemaligen Freunde Hamlet's seinem Argwohn und Verdacht, schließlich seiner Vernichtungswut ausgesetzt. Er schickt sie in den Tod. – SHAKESPEARE nimmt sie so ernst, wie er es aus dem Blickwinkel Hamlet's tun muß.

Aber R + G

Wesentlich unangenehmer noch ist da ein ~~Osrick~~, ein gefährlicher Intrigant und Möchtegern-Held, der skrupellos handelt, ein kleines

---

35) „In short, Fortinbras soldierlike ability to ignore the moral complexity of life is a sort of saving grace for him." – Vgl. BARRON'S BOOK NOTES, S. 24

Rad nur im Getriebe der mörderischen Pläne seines Königs, das aber wirkungsvoll zu greifen vermag. Er hätte den Tod verdient, kommt aber als kleiner Schurke, von denen es Tausende gibt, davon. Hamlet „übersieht" ihn als einen unbedeutenden Charakter. Wo große Charaktere sterben, ist für einen Miesling vom Schlage eines Osrick kein Platz.

Die übrigen Höflinge und Soldaten, die in Erscheinung treten, balancieren die Gewichte etwas aus, wobei es sich deutlich zeigt, daß die Soldaten um Horatio eine weniger auffällige Rolle spielen als die Gesandten und Höflinge im unmittelbaren Umkreis des Claudius und Polonius.

Im Zusammenhang mit der Rolle Hamlet's werden wir erneut auf einzelne der angesprochenen Charaktere zurückkommen, die jetzt noch einmal in einer *grafischen Übersicht* in ihren Querverbindungen aufgezeigt sind:

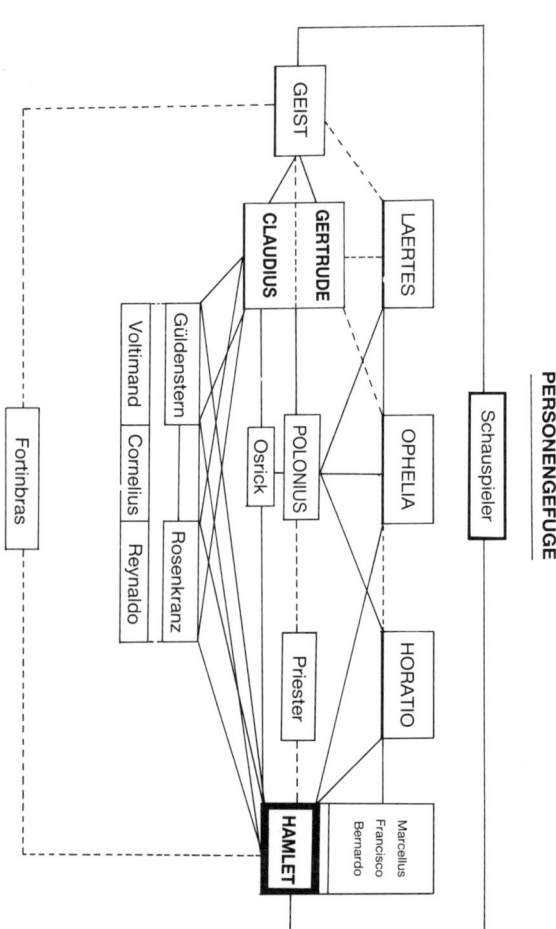

PERSONENGEFÜGE

GEIST

CLAUDIUS GERTRUDE LAERTES

Voltimand Cornelius Reynaldo

Güldenstern Rosenkranz

Osrick

POLONIUS

OPHELIA

Schauspieler

Priester

HORATIO

Fortinbras

HAMLET

Marcellus Francisco Bernardo

54

2.6 Die Titelgestalt

– Zuordnungen, Wertungen, Interpretationen –

In diesem Teilkapitel wenden wir uns nunmehr dem Helden der Tragödie, Hamlet, zu. Wie kaum eine andere Dramengestalt hat er die Menschen beschäftigt. Man ist nicht müde geworden, ihm immer wieder die unterschiedlichsten Charaktereigenschaften zuzuschreiben. Er wird als ein verächtlicher Mensch gesehen, ebenso als ein großer, freier Geist; als ein schwächlicher Zauderer und als ein Genie schlechthin.

Wir möchten versuchen, diese Vielzahl der Meinungen übersichtlich und nachvollziehbar anzuordnen. Dabei gehen wir in *4 Schritten vor:*

– Zunächst stellen wir eine Kurzcharakteristik aus den *Barron's Notes* voran (Übersetzung vom Verfasser).

– Sodann geben wir mit einer *Gruppe von Zitaten* aphoristischen Zuschnitts, sozusagen auf den Punkt gebracht, repräsentative Meinungen wieder, die aus verschiedenen Zeiten stammen.

– In einem dritten Teil *interpretieren wir Hamlet* im größeren Zusammenhang. Wir folgen in diesem Abschnitt den Ausführungen M. Bradbrook's zu den psychodynamischen Vorgängen zu Hamlet.

– Im vierten und letzten Teil dieses Kapitels greifen wir *Themen und Fragen* auf, die in zugespitzter Weise einige Akzente setzen.

Wir möchten noch einmal deutlich anmerken, daß es uns darauf ankommt, dem Leser nur so viele Aussagen von Gewicht und Bedeutung zuzumuten, die er entsprechend der Absicht unserer ERLÄUTERUNGEN im Augenblick braucht und verarbeiten kann.

2.6.1 Kurzcharakteristik [36)]

In Kommentaren und Interpretationen wird häufig übersehen, daß Hamlet zuallererst eine Rolle in einem Schauspiel, erst in zweiter Hinsicht Ausdruck dieser oder jener Sichtweise auf das menschliche Leben ist. Man könnte (sogar) sagen, daß Hamlet als Typ nicht eindeutig klassifizierbar ist. Vielmehr ist er eine besondere, ganz einmalige Persönlichkeit, die, wie wir selbst, aus unterschiedlichsten Antrieben und Stimmungen zusammengesetzt ist. (...)

In Hamlet tritt uns eine Persönlichkeit von außergewöhnlicher Intelligenz und Empfindsamkeit gegenüber, dem es zusteht und der fähig ist, höchste Posten zu besetzen, der sich aber unvermittelt mit einer erschreckenden und gewalttätigen Situation konfrontiert sieht, die ihm entschiedenes Handeln abverlangt. Kein Wunder, daß wir ihn zwischen Extremen seines Verhaltens pendeln sehen auf der Suche nach Gewißheit und nach dem besten Weg, seine Aufgabe zu erfüllen.

Die Tatsache, daß er denkt und fühlt, sich des Guten wie Verwerflichen in jedem seiner Schritte voll bewußt ist, macht ihm seinen Rachakt zur persönlichen Tortur. Rache ist nicht christlich, aber Hamlet ist als Thronfolger christlich erzogen. Rache ist auch nicht rational, und Hamlet ist ein Philosoph. Rache ist auch nicht vornehm, aber Hamlet ist ein „gentleman".

Anders als der typische Held des ELIZABETHAN REVENGE PLAY (oder auch moderner Krimis) geht Hamlet seinen Weg nicht mechanistisch; er hinterfragt sein Handeln. Er hat Ängste und Zweifel, wie sie jeder von uns hätte, wenn er in derselben Situation wäre. Der Kampf eines modernen, skrupelhaften Bewußtseins mit den Regeln und Gesetzen der Menschheit in ihren uralten Bestimmungen macht möglicherweise das Stück groß und zum Gegenstand eines universalen Interesses (...)

---

36) Übersetzung gegenüber dem abgedruckten Auszug des Originals etwas gekürzt. – Vgl. BARRON'S BOOK NOTES, HAMLET, S. 17-18

... What commentators and interpreters sometimes forget ist that Hamlet is first a character in a play, and only secondly (if at all) a demonstration of this or that view of human life. You might say that Hamlet is not a classifiable *type of person* because he is *a specific person,* who, like ourselves, is made up of many different impulses and moods. It's possible for a soft-spoken professor of philosophy, under the right circumstances, to commit murder, just as it's possible to be depressed one day and crack jokes the next. Hamlet is a person of exceptional intelligence and sensitivity, raised to occupy a high station in life and then suddenly confronted with a violent and terrifying situation in which he must take drastic action. It's hardly surprising to find him veering between extremes of behavior, hesitating, demanding proof, looking for the most appropriate way to carry out his task.

The fact that Hamlet is a thinking as well as a feeling person, conscious of the good and bad points in every step he takes, makes the act of revenge particularly painful for him. Revenge is not Christian, and Hamlet is a Christian prince; it is not rational, and Hamlet is a philosopher; it is not gentle, and Hamlet is a gentleman.

Unlike the typical hero of an Elizabethan revenge play (or a modern gangster movie), Hamlet does not approach his task in an unquestioning, mechanical way. He has qualms about it, as any of us might if asked to do the same thing. It releases violent emotions in him, the intensity of which shocks and unbalances him. This questioning of what is instinctive and preordained, the testing of the old tribal code by a modern, troubled consciousness, is perhaps what makes the play so great and so universal in its interest ...

2.6.2 Wer ist Hamlet? [37]

Hamlet ist die Krise des europäischen Geistes.
(Julius Baab)

---

37) gekürzt entnommen *H.H. Rudnick,* S. 155-259 und *E. Neis,* S. 92-94

Der Charakter Hamlets kann auf Shakespeares tiefe und exakte Kenntnis der menschlichen Seele zurückgeführt werden.
(Samuel Coleridge)

Hamlet ist Deutschland
(Ferdinand Freiligrath)

Hamlet ist ein Mensch, der das Motiv der eigenen Unschlüssigkeit in sich verdrängt hat.
(Sigmund Freud)

Hamlet ist ein schönes, reines, edles, höchst moralisches Wesen. Eine große Tat ist auf seine Seele gelegt, die dieser Tat nicht gewachsen ist.
(Johann Wolfgang Goethe)

In Shakespeares „Hamlet" ist der Widerspruch des menschlichen Geistes und der Wirklichkeit des Lebens zu einer Tragödie gemacht worden.
(Joseph Gregor)

Wir selbst sind Hamlet.
(William Hazlitt)

Hamlet ist die Menschheit.
(Gustav Landauer)

Hamlet ist ein meuchelnder Schwächling.
(Otto Ludwig)

Nicht die Reflexion, sondern die wahre Erkenntnis, der Einblick in die grauenhafte Welt der Wirklichkeit paralysiert Hamlets Tatkraft.
(Friedrich Nietzsche)

Hamlet ist die Tragödie der Unentschlossenheit.
(Peter Quennell)

Shakespeares „Hamlet" ist die Tragödie des Denkens, die durch ein ständiges und unbefriedigtes Nachsinnnen über das menschliche Geschick hervorgerufen wird.
(Friedrich Schiller)

Hamlet ist das Genie schlechthin.
(Friedrich Schlegel)

Der Ausgangspunkt für die Hamleterklärung liegt in der krankhaften Willensschwäche der Melancholikers.
(Levin Schücking)

Hamlet ist wahnsinnig. Das Stück ist eine pathologische Studie.
(William Stern)

Hamlet ist der Zuschauer seiner eigenen Tragödie.
(Oscar Wilde)

* * *

2.6.3 Interpretation

Wir sind nunmehr an dem Punkt, die Hauptfigur dieser Tragödie, den **Prinzen Hamlet**, genauer zu beleuchten. Der Leser mache sich noch einmal die Ausgangssituation klar, in der sich Hamlet befindet:

Die beschwörende Forderung des Geistes von KING HAMLET nach Rache, die sein Sohn vollziehen soll, wirft für den noblen, sensiblen und kultivierten jungen Mann schier unlösbare Probleme auf. Erstmals wird er mit der „wirklichen" Welt konfrontiert und blickt hinab in die Abgründe des Lebens und der eigenen Seele. – Er steht gegen die Gesellschaft, und diese (gemeint ist die nähere Umgebung) steht gegen ihn. Unverständnis und Unvermögen der Menschen um ihn herum, Horatio ausgenommen, lassen ihn verzweifeln und in einen bitteren Wahn fallen, aus dem er trotzig, selbstironisch, aber auch voll zynischer Schärfe gegen andere handelt, nachdem er sich aus der Zurückgenommenheit seiner Meditation und Reflexion gelöst hat. Hamlet wird zum Tatmenschen, der allerdings der Katastrophe auch nicht entgehen kann, die andere entfacht haben und an deren dramatischer Steigerung er mitgewirkt hat. – Auch er, ein „Unschuldiger" im naivsten Wortsinne, muß erfahren, wie rasch ein Mensch beschmutzt und schuldig werden kann. Darin erscheint uns Hamlet so gegenwärtig und nah. [38)]

Wer sich mit Hamlet als „Mensch" auseinandersetzt, stößt auf sehr viele und ganz unterschiedliche Äußerungsweisen seiner Lebensphilosophie. Am deutlichsten offenbart sich Hamlet natürlich in seinen Monologen. Sie sind für jeden Schauspieler *die* Herausforderung, und aus ihnen ist der Gehalt der Tragödie am zwingendsten abzufiltern.

Ehe wir uns nunmehr mit M. Bradbrook an eine Interpretation des HAMLET begeben, sollen zunächst die wesentlichen **Themen**, zu denen Hamlet sich äußert, in einem weiteren Schaubild dargestellt werden. Die Stichwörter der Übersicht entlehnen wir dabei dem ALEXANDER SHAKESPEARE, gruppieren sie jedoch anders und modifizieren sie im Hinblick auf den „circulus vitiosus" seines Denkens und Handelns. [39)]

---

38) „… we each tend to feel closest to those sides of his changeable personality in which we recognize ourselves and our friends, while at other times finding him as remonte and mysterious as do the other characters in the play." – THE ALEXANDER SHAKESPEARE – HAMLET, S. 21

39) vgl. THE ALEXANDER SHAKESPEARE – HAMLET, **THEME INDEX**, S. 341-347

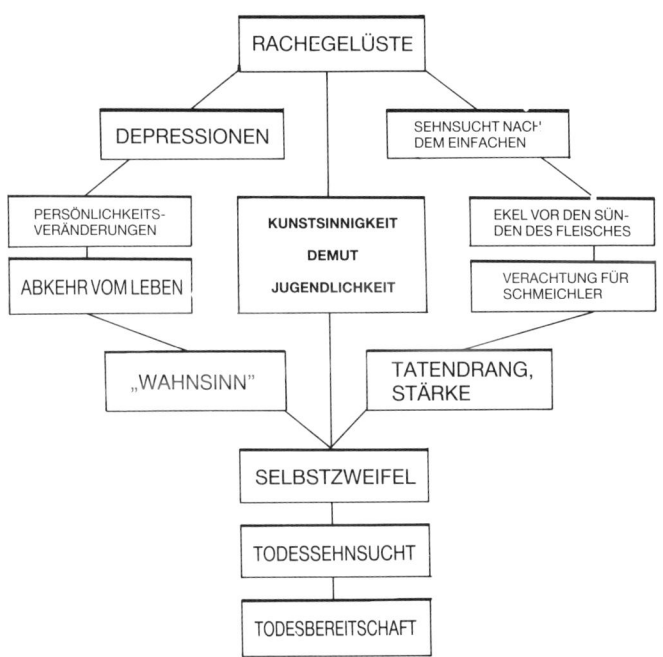

RACHEGELÜSTE

DEPRESSIONEN

SEHNSUCHT NACH
DEM EINFACHEN

PERSÖNLICHKEITS-
VERÄNDERUNGEN

KUNSTSINNIGKEIT

DEMUT

JUGENDLICHKEIT

EKEL VOR DEN SÜN-
DEN DES FLEISCHES

ABKEHR VOM LEBEN

VERACHTUNG FÜR
SCHMEICHLER

„WAHNSINN"

TATENDRANG,
STÄRKE

SELBSTZWEIFEL

TODESSEHNSUCHT

TODESBEREITSCHAFT

Das Leid, dessen Ursachen und Auswirkungen der junge Prinz in persönlichster Betroffenheit durchlebt, kennzeichnet nach **M. Bradbrook** den HAMLET im Sinne der Philosophie Sartres und Camus' als eine *existentialistische Tragödie*. [40] Seit dem Erscheinen des Geistes lebt **Hamlet** zwischen Himmel und Hölle, und, um im Bilde zu bleiben, er muß durch die Hölle gehen, um Ruhe und Frieden zu finden. Wofür er sich auch immer auf diesem Wege entscheidet – Rache oder nicht – die Welt, so wie sie ist, kann er nicht ändern.

Im Versuch, die *psychodynamischen Abläufe* in **Hamlet** selbst zu charakterisieren, unterscheidet Bradbrook vier Stadien der Entwicklung: [41]

1. Eine *Schockwirkung* steht am Anfang, genau genommen eine doppelte. **Hamlet** begegnet dem Geist seines Vaters und erfährt von diesem die volle Wahrheit. Der Geist KING HAMLET'S zwingt ihn in die Rolle des Rächers. In **Hamlet's** Denken und Fühlen setzt sich die *Vorstellung des Eingekerkertseins* fest und beherrscht ihn in zunehmendem Maße.

2. In einem zweiten Stadium sehen wir **Hamlet** in *gerechtem Zorn*. Aus Trauer und in großer Enttäuschung richtet er sich gegen jene, die ihn in seinen Ansichten über Liebe und Autorität hintergangen haben – in erster Linie seine Mutter Gertrude, dann aber auch Claudius als der Mörder seines Vaters.

3. Diese ohnmächtige Wut, geboren aus tiefstem Leid, die überlegtem Handeln zunächst entgegensteht, mündet in eine *Phase der Sammlung* von psychischen Energien und Entschlußwillen. Die erstaunlich kalte und beinahe „profihafte" Abrechnung mit Rosenkranz und Güldenstern, das Fehlen jeglichen Skrupels angesichts

---

40) „ ... When I say that Hamlet is an existentialist tragedy, I mean of cours in a sence in which Jean-Paul Sartre and Albert Camus define ist." – Vgl. **M. Bradbrook**, S. 111
41) In ihrer Argumentation stützt sich die Autorin auf medizinische Befunde zur Frage des Leids und seiner geistig-psychischen Verarbeitung. – **Hamlet** ist für sie ganz ohne Frage ein Mensch, der das erfahrene Leid auf eine sehr reife Art und Weise verarbeitet.

des getöteten Polonius und die wild aufspringende Wut gegen Laertes – diese Signale verdeutlichen einen Grad an Entschlossenheit, dem nichts Zufälliges mehr anhaftet.

4. Folgerichtig akzeptiert **Hamlet** in der *Endphase* seiner Leiderfahrungen an der Welt und an den Menschen seinen eigenen Tod, den er „ruhig" und „entschlossen" erwartet. [42]

Hamlet's Handeln gewinnt somit zunehmend an *Folgerichtigkeit, innerer Konsequenz* und *Zielklarheit.* Aus der unentschiedenen Frageposition, in der er lange verbleibt, sich und die Menschen immer wieder prüfend, aus der Zurückgezogenheit einer verzweifelten Deliberation, erwächst eine beinahe *mechanistische Handlungsdynamik.* Trauer, Leid und Hoffnungslosigkeit begleiten sie. Unter einer solchen Perspektive ist **Hamlet** kaum mehr als der schwächliche Zauderer anzusehen, sondern eher als ein sehr überlegter und wertvoller Mensch, der erst zu Taten reifen muß, die dann nichts mehr an Plausibilität vermissen lassen, allerdings dann auch ohne jene Grazie, Anmut und Natürlichkeit sind, die seinem Wesen und Charakter an sich gemäß wären.

* * *

Die nachfolgend zitierten **Sichtweisen** fassen wir als Fortsetzung dieser Gedanken auf. Sie stellen aber insoweit ein eigenes Kapitel dar, als sie auch noch aus anderer Sicht auf den **Charakter Hamlet's** eingehen. Ebenso wenig wie SHAKESPEARE seine **Tragödie des Prinzen Hamlet von Dänemark** wohl wirklich jemals ganz abgeschlossen hat [43], wird man wohl kaum jemals zu nur einer und wirklich abschließend „richtigen" Deutung dieser Tragödiengestalt gelangen.

---

42) „At the end Hamlet appears calm, resolute and prepared to meet death." – Vgl. M. Bradbrook, S. 117

43) „The fascinating dynamics of **Hamlet**, the possibility of growth, the space for variant interpretations which allows such a wide legitimate scope to actors and producers may be dependent upon this original dynamic in its conception. There could be no final version of **Hamlet**. – *M. Bradbrook.*

2.6.4 Noch einmal: Sichtweisen [44]

(1) HAMLETS SINGULARITÄT (K. Schilling)

Kaum ein anderes Drama Shakespeares wird so stark von einer einzigen Figur beherrscht wie *Hamlet*. Hamlet ist nicht nur nach der Länge seiner Reden eine der umfangreichsten Rollen überhaupt, sondern er ist auch in jeder einzelnen Szene gegenwärtig, selbst wenn er nicht die Bühne betritt. Es gibt keine Handlung ohne ihn, kein ernsthaftes Interesse im Drama, das nicht mit seiner Person zusammenhängt. Von keiner der großen Tragödien Shakespeares läßt sich das wohl in gleichem Maße sagen. Fast immer ist dort das dramatische Gewicht auf mehrere Figuren verteilt, so es ein Paar, das im Mittelpunkt der Handlung steht *(wie Macbeth oder Antony and Cleopatra)*, oder ein starker Gegenspieler als Gegenüber des Helden (wie in *Othello*). Selbst in *King Lear* ist die Spannung nicht so ausschließlich an den Charakter der Titelfigur gebunden. In *Hamlet* dagegen gibt es weder einen ebenbürtigen Gegenspieler oder einen gleichwertigen Partner noch eine selbständige Nebenhandlung. Alles Geschehen ist auf Hamlet bezogen, obwohl es gerade nicht von ihm in Gang gesetzt wird; es besteht teilweise aus Hamlets Ansätzen zum Handeln, seinem Ausholen zur großen Rachetat, die letztlich nie zustande kommt, teilweise aus den verschiedenen Intrigen, die gegen ihn ins Werk gesetzt werden. Während etwa in der frühen Historie *Richard III.* alle Bewegung im Drama von der dynamischen Figur des Helden ausgeht, liegt die Besonderheit des Hamlet-Dramas in dem Gegensatz zwischen der rastlosen auf den Helden bezogenen Aktivität und seiner eigenen augenscheinlichen Unfähigkeit zu schnellem, unreflektiertem Handeln. Dieser Widerspruch lenkt den Blick des Zuschauers (oder Lesers) um so stärker auf den Charakter des Helden; denn nur hier kann die Erklärung liegen, während im Falle eines Richard III. der Charakter von vornherein so eindeutig bestimmt ist, daß die dramatische Spannung von einer anderen Stelle ausgehen muß.

---

44) **Entnommen:**
   Zitate 1-3 vgl. *E. Neis, S. 85 ff.*
   Zitat 4 vgl.*W. Unger, S. 35*

Dazu kommt, daß Hamlet dem Zuschauer durch seine Monologe besonders nahegebracht wird. Er ist der einzige Charakter im Stück, in dessen Inneres wir immer wieder hineinsehen (eine Ausnahme ist lediglich die Gebetsszene). Seine Monologe stellen nicht nur einen sehr unmittelbaren Kontakt zum Publikum her, sondern sie isolieren Hamlet auch von seiner Umwelt, da sie zeigen, wie völlig anders er spricht, wenn er allein ist. Die Monologe sind zudem nicht allein Eröffnungen, durch die der Zuschauer über Hamlets Pläne ins Vertrauen gezogen wird oder ganz bestimmte Informationen erhält, wie häufig im elisabethanischen Drama, sondern sie beleuchten Hamlets Verhältnis zu seiner Umwelt und zeigen ihn als einen Menschen, der immer wieder über seine eigene Rolle reflektiert.

Alle anderen Personen im Spiel (mit Ausnahme des Claudius) enthüllen sich genügend durch ihr Verhalten zueinander; über keine würde uns ein Monolog wesentliche Aufschlüsse geben können. Hamlet jedoch erscheint vom ersten Satz an als eine Figur, die in Gegenwart anderer ebensoviel verschweigt, wie sie kundgibt, und deren Verhalten allen anderen zum Rätsel wird. Hamlets allererste Äußerung im Drama, ein mehr für sich selbst und für den Zuschauer als für die Umstehenden bestimmtes Wortspiel, isoliert ihn und verweist auf Ungesagtes, auf eine geistige Verfassung, die sich erst im Monolog enthüllen kann. Da nicht nur der Zuschauer, sondern im Verlauf des Stückes auch fast alle anderen Personen im Drama sich Gedanken über Hamlets Zustand machen und sich dazu mehr oder minder abwegige Theorien zurechtlegen, wird Hamlets Charakter tatsächlich zu einem Angelpunkt für das Verständnis des Stückes. So falsch es wäre, ihn mit dem Stück gleichzusetzen oder ihn aus dem Kontext des Dramas zu lösen, so wichtig ist doch die Beobachtung, daß Handlung und Charakter hier noch enger aufeinander bezogen sind als in den meisten anderen Dramen Shakespeares.

(2) DIE ALLMACHT DES BÖSEN IN DER VERSTELLUNG DER WELT
(D. Mehl)

Hamlets Zweifel an der Vergeßlichkeit der Welt werden durch die Realität, in der er sich zurechtzufinden hat, auf vielerlei Weise bestätigt, nicht allein durch die Unaufrichtigkeit fast aller Menschen, denen er begegnet, sondern auch durch eine allgegenwärtige Atmospähre der Unsicherheit, des Mißtrauens und eines sich schleichend ausbreitenden Übels, die von vielen Kritikern bermerkt worden ist. Davon ist nicht nur die Handlung betroffen, sondern ebenso die Sprache der einzelnen Charaktere und das, was man die Thematik des Dramas nennen könnte.

Die Allmacht des Bösen wird von Hamlet am stärksten empfunden, ja, es könnte fast der Eindruck entstehen, als ob das Übel vor allem in Hamlets Vorstellung existiere. Für ihn ist Dänemark ein Gefängnis; er sieht sich auf allen Seiten von falschen Freunden umgeben, und selbst Ophelia wird ihm zu einer Verkörperung weiblicher Treulosigkeit. Es ist charakteristisch für den Stil dieses Dramas, daß es die Welt weithin aus dem Blickwinkel Hamlets darzustellen scheint und wenig „objektive" Anhaltspunkte bietet, um seine Sicht zu ergänzen oder zu berichtigen.

Freilich, die Wirklichkeit des Bösen wird schon in der ersten Szene spürbar, in der ominösen Anspielung auf die Ermordung Caesars und der Erörterung der bösen Natur der Geister. Das berühmte „Something is rotten in the state of Denmark" wird nicht von Hamlet gesprochen, sondern kommt aus dem Munde eines unbeteiligten Außenstehenden, der damit einen Eindruck in Worte faßt, den das ganze Stück bisher schon suggeriert hat.

An einem wichtigen Punkt des Damas zeigt dann die Gebetsszene erneut, daß das Übel nicht nur in Hamlets Einbildung besteht, sondern eine von ihm unabhängige Realität besitzt. Allerdings läßt Hamlets Erfahrung ihn gerade diesen Aspekt seiner Umwelt in verzerrter Vergrößerung sehen, und es besteht für den Zuschauer kein Zweifel daran, daß sein Abscheu und seine angenommene Maske ihn oft zu ungerechter Beurteilung und – im Falle der Ophelia – auch zu verhängnisvoller Rücksichtslosigkeit gegenüber den Gefühlen anderer verleiten.

Hamlets Dilemma wäre jedoch für den Zuschauer sehr viel weniger bedrängend, wenn ihm selbst die Welt dieses Dramas wesentlich geordneter und verläßlicher erschiene als dem Helden; doch die Fragen, die sich Hamlet stellen, treten im Verlauf der Handlung auch immer wieder für den Zuschauer auf. Eine der am häufigsten anklingenden betrifft das Verhältnis von Wirklichkeit und Pose und die Möglichkeit, das eine vom anderen zu unterscheiden. Das Motiv taucht schon in der zweiten Szene auf, wenn Hamlet seinen Aufzug und sein Gebaren als eine äußere Gest der Trauer beschreibt, die jeder andere nachvollziehen könne und die darum auch keinen verläßlichen Aufschluß über sein Inneres gebe.

> Hamlet zu seiner Mutter:
>
> Scheint, gnäd'ge Frau? Nein, *ist*; mir gilt kein *scheint*.
> Nicht bloß mein düstrer Mantel, gute Mutter.
> Noch die gewohnte Tracht von ernstem Schwarz,
> Noch stürmisches Geseufz beklemmten Odems,
> Noch die gebeugte Haltung des Gesichts,
> Samt aller Sitte, Art, Gestalt des Grames
> Ist das, was wahr mich kundgibt; dies scheint wirklich:
> Es sind Gebärden, die man spielen könnte.
> Ich trag', was über allem Schein, in mir;
> All dies ist nur des Kummers Kleid und Zier.

Die Welt, in die Hamlet sich gestellt sieht und die er verwandeln zu müssen glaubt, ist eine Welt voller Verstellung und angenommener Rollen, eine Welt, die sich dem forschenden Blick immer wieder entzieht und die daher auch den Sinn jedes allzu selbstgewissen Planens und Handelns fragwürdig macht. Der Zuschauer muß sich damit abfinden, daß weite Bereiche dieser Welt auch vom Dramatiker nicht endgültig aufgehellt werden, und dazu gehört zweifellos auch die Gestalt des Geistes und die Natur seines Auftrages. Auch wenn wir das Drama als Ganzes betrachten, enthält es keine sichere Auskunft darüber, ob die Verpflichtung zur Tötung des Königs als göttlicher Auftrag oder teuflische Eingebung zu verstehen ist. Es ist dem Drama offensichtlich viel mehr um die Darstellung von Hamlets Konfrontation mit einer vergifteten Welt zu tun als um die ethischen Aspekte der Rache.

(3) DIE FUNKTION DES GEISTES IN SHAKESPEARES „HAMLET"

(A. Matthiae)

Ein scheinbarer Widerspruch liegt im Stück: auf der einen Seite hat Shakespeare dem Gespenst in den beiden Terrassenszenen einen objektiven Charakter gegeben; auch legt er Hamlet in den beiden Monologen des II. und III. Akts Äußerungen in den Mund (scheinbare Selbstanklagen, die in Wirklichkeit nur Klagen sind), die scheinbar so aufzufassen sind, als müsse Hamlet das Wort des Geistes für bare Münze nehmen; auf der anderen Seite finden sich im Stück Stellen, in denen Hamlet Zweifel darüber äußert, ob er dem Wort des Geistes trauen dürfe (I. u. II. Akt). Damit kommen die Schüler fast automatisch dazu, festzustellen, daß Shakespeare auf der einen Seite durch die Offenbarung des Geistes die Mordtat als eine gleichsam erwiesene hinstellt, auf der anderen aber die Gültigkeit dieser Kundmachung durch nachträgliche Zweifel Hamlets wieder aufhebt.

Der Widerspruch löst sich, wenn wir uns vor Augen halten, daß Shakespeare für ein Publikum schrieb, das mit einem Fuß noch im Mittelalter, mit dem anderen aber schon in der Neuzeit stand, das also im gemeinen Leben selbst sowohl noch an Geister glaubte, als auch nicht mehr glaubte; und für solche Menschen war es keine Frage, daß ein quasi Zeitgenosse, den Shakespeare ihnen im Dänenprinzen auf die Bühne gestellt hatte (das Stück spielt nicht im 12. Jahrhundert, sondern zu Shakespeares Zeit), sich nicht wie ein simpler Spökenkieker verhalten, daß er es vielmals für nötig halten werde, an der Realität zu prüfen, was am Wort des Geistes wahr ist, bevor er handelt. Dies ist kennzeichnend für Hamlets Wesen und läßt uns ihn als einen aufgeklärten, bereits herwärtsgewandten Menschen erscheinen, der sich nicht mit subjektiven Überzeugungen zufriedengibt, wenn Wesentliches auf dem Spiele steht, für den die Vernunft, auf die er sich gleich seiner Zeit gründet, bereits Kriterien ihrer Selbstprüfung besitzt, dem also „kein *scheint* gilt", der den Dingen auf den Grund geht. Insofern gleicht er Faust, und er war dem Zeitgenossen Shakespeares, der auch gerade anfing, im Gebrauch der Vernunft die ersten freien Schritte zu tun, gewiß verständlich.

Zu einem Hamlet, wie er ihn brauchte, der seine Lage erlebt und durchleidet, und sie nicht nur überdenkt, konnte Shakespeare nur die Erfindung des Gespenstes verhelfen. Das liegt psychologisch im Phänomen des *Einfalls* tief begründet. Die affektgeladene, affirmative Gestalt, mit der ein Einfall plötzlich ins Bewußtsein tritt, hat, wenn er sich wie hier auf etwas dermaßen Wichtiges bezieht, die Gewalt eines Sturmwindes, der uns mit sich fortreißt. Und das hat Shakespeare in der Geistesoffenbarung befolgt. Er hat das unanschauliche, auf der Bühne kaum genügend sichtbar zu machende Phänomen des Verdachts, auf dessen Spur Hamlet schon vor der Geistesoffenbarung ist, ins Sichtbare, ins Riesenhafte, Überwältigende gewandelt. Damit diese affirmative Gewalt recht wuchtig sei, gab Shakespeare dem Gespenst einen objektiven Charakter, nahm ihm alle subjektiven halluzinativen Züge. Dadurch kommt Hamlet die Erleuchtung wie von außen, wie vom Schicksal her und personifiziert sich ihn in der Gestalt seines Vaters, der den Mörder realiter gar nicht erlebt hat, denn er schlief ja, als ihm dieser das Gift ins Ohr träufelte. –

Shakespeare konnte durch diese geniale Erfindung zugleich die Wirkung darstellen, die die Aufdeckung der Mordtat auf Hamlet haben muß. Der Monolog dieser Szene zeigt, daß Hamlet von ihr förmlich hinweggewirbelt wird. In einem solchen Zustand gibt es freilich kein „Vielleicht". Der Oheim ist durchschaut. Es fehlt, um sich an ihm rächen zu können, nur noch eine Bestätigung, durch die die Überzeu-

gung zu einer untrüglichen Gewißheit wird. Hierdurch bringt Shake-
spaere ein weiteres Spannungselement in die Handlung. Weil diese
Überzeugung und die Leidenschaft, ihr zu folgen, bei Hamlet so stark
sind, muß der Zuschauer fürchten, daß er sich übereilen könnte. Er
blickt also von da an in ein vielfältiges Spektrum von Entwicklungs-
möglichkeiten. Das Kommende ist nicht mit Gewißheit vorauszuse-
hen; man spürt nur, daß der Geist die Wahrheit gesagt haben könnte.
Und dieser Eindruck hängt mit dem Aufbau der aufsteigenden Handlung zusammen.

(4) VERKÖRPERUNG DES MENSCHENTUMS
(A. Sandrock)

„... ICH habe den Hamlet gespielt, weil er für mich eine Quelle steter
geistiger Erneuerung war. Ich brauchte ihn wirklich für mein Innenle-
ben (...) Hamlet war für mich ein Problem, und ich freute mich, den
Geist und die Kraft zu besitzen, dieses Problem zu lösen. Wenn ich so
reich wäre, mir zeitweilig ein Theater zu mieten, um darin mit einer
Gruppe Gleichgesinnter den HAMLET aufzuführen, für mich allein, ich
würde ihn nie vor einem Publikum spielen. Wie König Ludwig allein im
Theater saß, um ungestört zuzuhören, so wollte ich Akteur und alleini-
ger Zuhörer in einer Person sein. Den geistigen Gehalt des HAMLET
ganz auszuschöpfen, ist auch für eine Schauspielerin pädagogisch
von allergrößter Wichtigkeit. Von ihm stammt die moderne Schauspielkunst ab. Der Zuhörer wird den HAMLET nie erfassen, der den
Begriff „Mann" in ihm sieht. Er verkörpert das Menschentum, und es
ist daher nicht unkünstlerisch, wenn der Hamlet von einem Weibe
dargestellt wird ..."

* * *

Ich finde es beinahe heilsam, mit diesem letzten Zitat zum HAMLET
einer Frau das Wort zu überlassen, der großen Adele Sandrock. Ihr
Wort mag die vielen klugen und wissenschaftlich objektiven, weil

„abgesicherten" Aussagen der begleitenden SHAKESPEARE–LITE-RATUR durchaus sehr emotional und subjektiv abrunden; nichts desto weniger teilt es mit, welche Kraft und Bedeutung (für sie) in diesem Schauspiel stecken, die jeden, der sich auf es einläßt, wieder und wieder tief anrühren und nachhaltig erfassen.

(3) WERK UND BÜHNE

Das Lesen des HAMLET ist kein Ersatz für den Genuß einer guten Theater-Aufführung. Wir wünschen jedem die Gelegenheit, den HAMLET einmal auf der Bühne zu erleben. Andererseits bringt ein sorgfältiges Einlesen in den Text auch eine ganze Menge für das eigene Sehen.

In den beiden folgenden Teilkapiteln geht es also noch einmal um den HAMLET auf der Bühne, zunächst mit einem knappen, sehr ausschnitthaften Rückblick auf einige Merkmale des englischen Theaters zur Zeit des Dichters. Anschließend widmen wir den modernen HAMLET–Adaptionen und Realisationen unsere Aufmerksamkeit. Wir überlassen dabei professionellen Kritikern überwiegend das Wort.

Leitende Absicht ist zu zeigen, was und wie versucht wurde (noch wird), sozusagen mit allen Registern der Bühnen - und Schauspielkunst, das Stück für die „moderne" Zeit **attraktiv** und den Zuschauern die Figur des HAMLET **verständlich**, ihn in seinen Absichten und Handlungsweisen **überzeugend** darzustellen.

Es wurde bereits darauf hingewiesen, daß Unterschiede in den Interpretationsauffassungen des HAMLET bestanden und noch weiterhin bestehen. Diese möchten wir an einzelnen Aufführungs-Beispielen verdeutlichen. Dabei ist weder an einen systematischen Aufriß noch einen chronologischen Abriß der Bühnengeschichte des HAMLET gedacht. Den mag der interessierte Leser an anderer Stelle zurückverfolgen [45]. Wichtig für ihn ist, daß er sich ein „eigenes" Bild über die

---

45) Wir verweisen auf den Reclam-Band (vgl. Literatur) von *H.H. Rudnick* und auf *W. Erzgräber* (Hg.), Wege der Forschung.

Gestalt des HAMLET und über das Schauspiel macht, an dem er andere Bilder und Urteile prüft.

3.1 SHAKESPEARE'S Zeit

Das „Stimmungsbild" aus E. Malpass' Roman, aus dem im Kapitel **2.2** zitiert wurde, soll in diesem Teilkapitel mit einigen *sachlichen Angaben* zum Theater der SHAKESPEARE–ZEIT ergänzt werden. Es wird dabei nicht so sehr darauf ankommen, dem Leser differenzierte Unterscheidungen zum **Elizabethan Theatre** zu entwickeln, das als Sammelbegriff für das Theater Englands *vor SHAKESPEARE* gilt, jedoch auch im Zusammenklang mit seinem Theaterschaffen verwendet wird. Das Theater in England machte viele Entwicklungen durch und durch – lief bis ca. 1660, also nach SHAKESPEARE'S Tod, viele Stationen, die sich von den Anfängen der Bühnen- und Schauspielkünste unter der Regentschaft **ELISABETH I.** unterschieden, nicht zuletzt auch durch die vielfältigen Freiräume, die es unter **JAKOB I.** erfuhr. Es wäre auch nicht zutreffend, vom **Theater SHKE-SPEARE'S** allein zu sprechen, denn dieses wurde erst möglich auf der Grundlage dessen, was *vor* ihm etabliert worden war. Daß *SHA-KESPEARE* unendlich viel für die Entwicklung des (englischen) Theaters geleistet hat, braucht hier nicht betont zu werden. –

Um dem Leser einen kleinen leitenden Überblick zu geben, beschränken wir unsere *Ausführungen auf zwei wesentliche Aspekte*, die für die gesamte Theaterlandschaft in England zur Zeit SHAKESPEARE'S gültig waren:

● Theater als gesellschaftliches Ereignis für alle Bevölkerungsschichten;

● Professionalisierung und Genossenschaftlichkeit des Theaters.

„Theaterleben" unter Königin ELISABETH I. – das war in erster Linie Amusement für die Öffentlichkeit und in der Öffentlichkeit. Man spielte, wo sich Gelegenheit dazu bot: auf Märkten, auf Rummelplätzen, in Kneipen, bei Hofe. Wandernde Schauspieltruppen, die nicht selten an einträgliche Spielorte zurückkehrten oder gar günstige Räumlichkeiten aufkauften [46], bestimmten mit ihren Programmen das öffentliche Amusement. Meistens war ihr Unterhaltungsangebot auf den Geschmack eines breiten Publikums ausgerichtet: für jeden war etwas dabei, und jeder konnte bei dem viele Stunden andauernden Spektakel auf seine Kosten kommen. Auf der Bühne war etwas los, und im Publikum gig es hoch her. Von Ehrfurcht, vornehmer Zurückhaltung und kultivierter Erwartungshaltung keine Spur! Nicht selten bevölkerten an die 500 Leute und mehr die Besucherplätze, kommend und gehend. Man machte mit, und nicht selten wurden die Spielabläufe aus den Reihen der Zuschauer im „Dialog" mit den Schauspielern erst entwickelt. [47] – Die Bühnen selbst waren in der Regel primitiv hergerichtet und genügten weit eher den Bedürfnissen eines freß- und sauflustigen Publimkums als dem der Schauspieler. SHAKESPEARE hat wiederholt die Zustände beklagt und sie auch verbessern können, als er ein **Star** geworden war. So unvollkommen in dieser Frühphase des englischen Theaters die Bedingungen für die Schauspieler auch gewesen sein mochten, sie waren ihrem Publikum nahe, dies umso mehr, als ihre Theater-Garderobe auserlesen gut war: In der Regel beklatschte das Publikum die teuren und prunkvollen Kostüme, an deren Echtheit es Rollen identifizierte und Bedeutungen ablas. [48]

Je mehr Öffentlichkeit die Schauspieler gewannen, je größer die Konkurrenz untereinander wurde, desto professioneller wurden Organi-

---

46) „ ... Before long, some inns were taken over completely by companies of players and thus became the first public theatres ..." – Vgl. THE ALEXANDER SHAKESPEARE, S. 10.

47) „ ... some actors played up to the rowdy elements in the audience by inserting their own jokes into the author's lines ..." – Vgl. THE ALEXANDER SHAKESPEARE , S. 9.

48) So schreibt *H.A. Frenzel* in *Geschichte des Theaters:* „ ... Zum Handwerk des Schauspielers gehörten musikalische sowie tänzerische bis akrobatische Fähigkeiten, die vor allem das „jig" genannte Nachspiel von drei bis vier Spielern, darunter dem Clown, verlangte, ferner Fechten, und zu seiner Ausstattung kostbarer, reichhaltiger Kostümbesitz. – Vgl. S. 116f.

sation und Schauspiel an sich. Etwa parallel zum Durchbruch SHA-KESPEARE'S als **Schauspieler** und **Autor** entstanden die großen Theatergebäude, formierten sich Schauspieler-Genossenschaften um einen **"master-actor"**, der neben seiner Schauspielerei (männliche Hauptrollen) noch „Mädchen für alles" war, ehe sich seine Unternehmer-Rolle herauskristallisierte (vgl. auch Kapitel 1). –

Der Grundriß der neuen Theater-Gebäude folgte im wesentlichen dem der „inn-yards", war jedoch bewußt in Rundform angelegt. Gewöhnlich war dabei die (erhöhte) Bühne, um die sich die „Gründlinge" auf den „billigsten Plätzen" scharten, von drei übereinanderliegenden Galerien umschlossen. Auf diesen, in kleinen „Logen", saßen Vertreter der gehobenen Stände und verfolgten das Treiben auf der Bühne. Die Schauspieler selbst hatten vier „stages", also Bühnenbereiche, um sich vorzubereiten oder wo sie agierten: **main stage – rear stage – upper stage – under stage** [49]. Es ist nicht gelungen, die genaue Szenerie des Theaters zu SHAKESPEARE'S Zeit etwa zu rekonstruieren, doch gilt als sicher, daß die Bauform äußerst funktional und „intim" war.

SHAKESPEARE als Teilhaber des „Globe" personifiziert in wohl einmaliger Weise die Personalunion von **Autor, Schauspieler** und Unternehmer. Ihm wie seinen Kollegen wurde viel abverlangt. Allerdings wurden auch Initiativen ermöglicht und Kräfte freigesetzt, die dem **Berufswesen** (nicht zuletzt auch der Literatur) **Bühne und Schauspiel** unendlich viel hinzugewonnen haben.

Alle Schauspiel-Unternehmen hatten *ihr* Publikum und **LONDON** wurde zur bedeutendsten Theaterstadt Europas und der (westlichen) Welt.

Die Verschmelzung von **Bühne, Autor, Publikum** ist die eigentlich herausragende Leistung WILLIAM SHAKESPEARE'S. Seine *Sprachkunst* trug dazu ebenso viel bei wie seine konkrete Bühnen- und Theaterarbeit, bei der er alle traditionellen Formen und Möglichkeiten

---

49) vgl. H.A. Frenzel, S. 115.– **„rear stage"** meint die Bühne im Hintergrund Bühnenform, Bühnenausstattung und -technik wurden zunehmend raffinierter, und der Name **Inigo Jones (1573-1652)** steht für die phantasievolle Erweiterung der Möglichkeiten.

nutzte [50] sowie neue „Spielformen" erfand. „Sein Theater" charakterisiert H.A. Frenzel mit den Sätzen: [51]

„Fesselnder Inhalt, ungewöhnliche Charaktere (...), grenzensprengende Leidenschaften (...), Waffenlärm und Stille, romantisch Stimmungsvolles und verschlüsselt Intellektuelles, unruhig glänzend Rhetorisches und stetig leuchtendes Poetisches erschienen jeweils mit wechselnden Anteilen im einzelnen Stück oder innerhalb einer kurzen Spielplanfolge."

Wahrscheinlich ist es die immer wieder faszinierende Vermischung dieser Ebenen und Ansprüche, umgesetzt durch eindringliche Schauspielkunst, die SHAKESPEARE'S Bühnenwerke über die Jahrhunderte hinweg „unsterblich" gemacht haben. Ein Stück wie der HAMLET, der überdies mit einem absolut außergewöhnlichen Titelhelden ausgestattet war, ist deshalb ja nicht allein repräsentativ für die „Fortschrittlichkeit" des Autors, was *Form, Inhalt und Idee* betrifft, sondern es überragt jedes andere wegen der **Geschlossenheit**, mit der die oben zitierten Momente ihre Wirkung entfalten.

3.2 Jüngere Vergangenheit und Gegenwart

Die moderne deutsche HAMLET-Rezeption und -adaption ist zunächst eng mit dem Namen GERHART HAUPTMANN verknüpft. Er beschäftigte sich sein ganzes Leben lang mit dieser Tragödie und schrieb selbst eine eigenwillige Neufasung. In der philologischen Aufarbeitung keineswegs sehr exakt, deutete HAUPTMANN seinen HAMLET als einen zielklaren, energischen Mann. Diese Deutung unterschied sich erheblich von mancher der romantisierenden Vorgänger-Interpretationen und trug nicht unwesentlich dazu bei, ein *neues Verständnis* dieser Tragödiengestalt aufzubauen. –

Ein weiteres Mal stand *Prinz Hamlet* bei HAUPTMANN im Mittelpunkt

---

50) **„Historie"** und **„Revenge Play"** sind im **HAMLET** die bestimmenden thematischen Gattungen.

51) vgl. H.A. Frenzel, S. 112. –

der künstlerischen Auseinandersetzung. In dem Roman „*Im Wirbel der Berufung*" projizierte er das eigene Verständnis auf das Sprecher-Medium des jungen Schriftstellers Gotter („alter ego"), der sich dem tragischen Konflikt um die Blutrache nicht entziehen kann. [52]

Dann wurde es in Deutschland eine lange Zeit still um den HAMLET („entartete Persönlichkeit"). Aber als nach 1945 das Theater bei uns wieder auflebte, gaben neben Lessing die SHAKESPEARE-Stücke den Ton an. Freilich, zunächst waren es die „leichteren" Stücke („Ein Sommernachtstraum" – „Viel Lärm um nichts"), aber dank der enga-gierten Arbeit von Regisseuren und Schauspielern (HILPERT, REIN-HARDT, GRÜNDGENS) wurde das Publikum bald auch wieder für die gehaltvolleren Stücke SHAKESPEARE'S gewonnen, der HAMLET eingeschlossen. [53] Nicht anders im Lande des Dichters selbst, wo nicht nur die erste eindrucksvolle Verfilmung gelang (Sir Laurence Oli-vier), sondern auch immer wieder sensationelle Theater-Aufführun-gen des HAMLET für Aufsehen sorgten, wie zwei Stellungnahmen aus der Mitte der 60er Jahre unterstreichen: [54]

Hamlet, gespielt von Peter O'Toole, Inszenierung
National Theatre, London 1964

Einen solchen Hamlet hat man noch nie gesehen: Peter O'Toole, ein blonder Hüne, der über die Bühne schlurfte wie durch eine verhaßte Welt. Er hatte sich drei Phasen – wir könnten auch sagen: Stufen – zurechtgelegt. In der ersten bewilligte er sich Tränen: *O schmölze doch dies allzu feste Fleisch (I,2)* – ein Melancholiker, der an der Welt leidet, in der er zu leben gezwungen ist. Die zweite Phase, ausgelöst durch die Begegnung mit dem Vater, dem Geist, beendet jäh diesen Dämmerzustand. Gezwungen, Kontakt mit der verhaßten Welt zu suchen, jagte sich dieser Hamlet in die schärfste Aggression. Er

---

52) vgl. hierzu ausführlich u.a. **E. Hilscher**, G. Hauptmann, S. 428 ff.
53) erfaßt bei **H. Daiber,** Deutsches Theater seit 1945.
54) S. Melchinger und M. Esslin zitiert bei **E. Neis**, S. 142-147

genoß die Schocks, die er auslöste. Ein zorniger junger Mann von damals und heute, und doch mehr: ein Empörer gegen die Welt, wie sie ist. In der dritten Phase erschien ein rätselhaftes Lächeln auf seinen Zügen. Er lächelte an Ophelias Grab, Yoricks Schädel in der Hand, er ging lächelnd in das große Morden. Eine einzige mitmenschliche Regung, die er, schon sterbend, zeigte, enthüllte den Grund dieses Lächelns (V,2). Während er dem Freund Horatio den Giftbecher entriß, bäumte er sich auf: *Wenn du mich je in deinem Herzen trugst, verbanne noch dich von der Seligkeit, und atm' in dieser harschen Welt mit Müh', um mein Geschick zu melden.* Seligkeit, felicity, die nahe Erlösung also – das war der Grund des Lächelns.

(Siegfried Melchinger)

* * *

Hamlet, inszeniert von Peter Hall, gespielt von David Warner, Royal Shakespeare Company, Stratford 1965

Dieser *Hamlet* ist – zumindest für England – revolutionär: modern, intellektuell und höchst aufregend. Der traditionelle englische Hamlet ist gemeinhin der Prinz von Dänemark. Dem langen, dünnen und schlacksigen David Warner wurde vorgehalten, er benähme sich alles andere als prinzlich – nämlich mehr wie ein exzentrischer, vergrübelter Student mit einem makabren Sinn für Humor. Dieser Vorwurf ist, meines Erachtens, völlig unberechtigt: gerade weil dieser Hamlet ein Prinz, ein echter Prinz, ist, kann er es sich erlauben, sich auf einem Königshof so toll und ungezogen zu benehmen, wie man sich eben im eigenen Hause verhält. Dann scheint dieser Hamlet unheroisch, ja feige und pazifistisch, unwillig, sich zu engagieren, skeptisch allen großen patriotischen Phrasen gegenüber. Und seine Rebellion ist nicht so sehr gegen einen inzestuösen Onkel als gegen seinen dominierenden, allzu heroischen, allzu vollkommenen Vater gerichtet, dessen Geist – das ist Peter Halls originellste und brillanteste Idee – ein ungeheurer, fast fünf Meter hoher Koloß ist, der lautlos durch eine Dunstwolke gleitet, mit Patrik Magees durchdringender Nebelhornstimme spricht und seinen fast zwei Meter großen Sohn zum Zwerg degradiert. Man spielt im Hamlet immer die Mutterbindung im Ödipuskomplex; hier dominiert der Vaterhaß bzw. die Haßliebe zum Vater, dem man nacheifern will, dessen Kolossalfigur aber immer zum Vorwurf, zum Beweis der eigenen Inferiorität wird. Claudius dagegen erscheint als unheroischer, aber überaus charmanter und plausibler Politiker und Diplomat; Brewster Mason gibt ihm die Züge eines Bankdirektors von durchschnittlicher Sensibilität, aber animalischer Schlauheit. Hamlets Mutter – gewöhnlich eine reife Sexbombe mit samtener Altstimme – ist hier die eitle und geschmacklos aufgedonnerte Ruine einer einst schönen Frau, schon vom Alter angefault, überreifter Camembert, und gerade deshalb von perverser sexueller Faszination (Elisabeth Spriggs). Der Polonius dieser Aufführung ist alles andere als ein alter Trottel: Tony Church spielt ihn als typischen englischen Politiker aus Establishment-Kreisen: das sind Leute, die zwar sehr dumm sind, sich aber nicht dumm betragen, sondern glatt und plausibel. Und Ophelia ist ebenso ungewöhnlich aufgefaßt: nicht als jungfräuliches Knöspchen, sondern als hochintelligentes, aber nicht mehr sehr junges Mädchen. Die Angst davor, unverheiratet sitzenzubleiben, treibt sie an den Rand der Hysterie, so daß sie bereits überschnappt, als Hamlet ihr in der „Geh-ins-Kloster"-Szene jede Hoffnung auf eine Heirat brutal zerstört. Glenda Jackson gibt dieser ungewöhnlichen Ophelia die schrillen Töne ihrer dunklen Stimme und die harten Züge eines fast bäuerlichen Gesichts: dieser Ophelia glaubt man die obszönen Ausbrüche verdrängter Sexualität in den Wahnsinns-Szenen.

Fortinbras ist hier ein weibischer Geck, eine Parodie auf den konventionellen militärischen Helden, ein Operettenheld. So bricht Hamlet in seiner Sterbestunde, als er Horatio den Auftrag gibt, seine Stimme bei der Königswahl für Fortinbras abzugeben, in konvulsivisches Hohngelächter aus: Fortinbras' Nachfolge in Dänemark ist für Hamlet eine bittere Ironie, ein Witz des Schicksals. David Warner hat jeden Satz der Rolle neu durchdacht. Er spricht die Monologe langsam, jedes Wort auf der Zunge wägend, ins Publikum, als wollte er die Zuschauer ins Vertrauen ziehen, als könnten sie ihm in seiner Ratlosigkeit helfen. Dadurch verlieren diese Paradestücke, die jeder Engländer auswendig kann, den Ariencharakter, der ihnen hier zumeist anhaftet, den „poetischen" Belcanto-Effekt, von dem sich Publikum und Kritiker seit jeher so genüßlich einlullen lassen. Harte, mühselige Denkarbeit tritt an die Stelle solcher sinnlicher Genüsse: man hört Sätze, die man schon hundertmal gehört hat, wie zum erstenmal, und erschrickt über die Bitterheit, die Intelligenz, die Modernität der Weltauffassung, die darin zutage tritt. Die Tragödie dieses Hamlet ist die Tragödie der Apathie angesichts einer unerträglich widerspruchsvollen und desillusionierenden Welt: die Kolossalgestalt des Vaters ist für diesen Hamlet, der jedem militärischen Heldentum zutiefst abgeneigt ist, ebenso unannehmbar wie die niedrige, opportunistische Realpolitik seines Onkels; die angefaulte Weiblichkeit seiner Mutter ist ihm ebenso schrecklich wie die hysterisch nach dem Mann verlangende Jungfräulichkeit der Ophelia. „Für unser Jahrzehnt", sagte Peter Hall seinen Schauspielern auf der ersten Probe, „ist das Thema des Stücks, glaube ich, die Illusionslosigkeit, die eine so tiefe Apathie des Willens erzeugt, daß ein Engagement an Politik oder Religion, daß das Leben selbst unmöglich wird. Für einen Mann, der angeblich nicht handelt, tut Hamlet eine ganze Menge. Für einen Mann, von dem es heißt, er stemme sich gegen das Erlebnis, erlebt er doch recht viel. Er ist immer am Rande der Tat, aber etwas in seinem Innern, diese Krankheit der Illusionslosigkeit, hält ihn ab von der letzten, bindenden Aktion. Es ist dies eine Emotion, die Sie in unseren jungen Menschen treffen werden. Für mich ist es außergewöhnlich, daß in den letzten fünfzehn Jahren die jungen Menschen des Westens, und vor allem die Intellektuellen, die gewöhnlichen, vorauszusehenden radikalen Impulse eingebüßt haben, die junge Menschen in allen früheren Generationen hatten. Man hat gegen die Bombe marschieren können. Ja. Aber andererseits konnte man es auch nicht. Man konnte mit jedem beliebigen Menschen ins Bett gehen, oder auch nicht. Man konnte Rauschgift nehmen, oder auch nicht. Ein Gefühl des „Was-macht-es-schon-aus-im-Schatten-des-Atompilzes" ist um uns ..."

Peter Hall ist fünfunddreißig Jahre alt, David Warner vierundzwanzig. Sie haben zusammen den *Hamlet* der jungen Generation von heute auf die Bühne gestellt: er ist nicht schön, auch nicht edel, erst recht kein rührender Dänenprinz; aber die Inszenierung gibt ein unbarmherzig wahres, hartes, aufrüttelndes – und daher auch letzten Endes ein erschütterndes, kathartisches Bild der condition humaine.

(Martin Esslin)

* * *

Nach wie vor füllen SHAKESPEARE'S Stücke die Spielpläne städtischer Bühnen. Man darf getrost behaupten, daß er *überall*, nicht nur hierzulande, vertreten ist. Bemerkenswerte Tatsache: SHAKESPEARE steht ganz oben in der Hit-Liste zugkräftiger Bühnenstücke. Daß er dabei nicht um die Gunst des Publikums kämpfen muß, beweisen *Aufführungszahlen*: So rangierte er im ZÜRICHER SCHAUSPIELHAUS zwischen 1938 und 1961 mit insgesamt 756 Aufführungen hinter Schiller an 2. Stelle. – An deutschen Bühnen lag SHAKESPEARE in der Spielzeit 1963/64 mit 3981 Aufführungen (an 209 Bühnen) deutlich vor Schiller und Brecht. – Abwechselnd liefen einander BRECHT und SHAKESPEARE zwischen 1971 und 1974 den Rang um die höchste Gunst des Publikums ab:

JAHR	BRECHT	SHAKESPEARE [55]
1971/72	1399	1311
1972/73	1413	1331
1973/74	1286	1276

---

55) Zahlen nach **H. Daiber**.

Eine der ungewöhnlichsten Neuinszenierungen des HAMLET gab es unlängst in Köln. [56]. Sie knüpfte an die Tradition der experimentellen Hamlet-Bearbeitungen an, die bereits im Kapitel **2.2** angesprochen worden sind. Die *Kölner Aufführung* muß insgesamt wohl als eine wohl interessante, keineswegs aber vollkommen überzeugende Variante angesehen werden. „Zwischen Chaos und Komik" – so überschrieb der Kritiker **R. Hartmann** die szenische Collage Frank Castorfs in Köln. Ich zitiere aus der Kritik des KÖLNER STADT–AN-ZEIGERS: [57]

Dies ist die größte Irritation seit vielen Jahren im Kölner Schauspiel. Wer bei „Hamlet – Material von William Shakespeare" eine auch nur annähernd „richtige" Shakespeare-Aufführung erwartet, wird schwer enttäuscht, denn der Regisseur Frank Castorf, der sich in der DDR-Provinz immer langsam vorangearbeitet hat und mittlerweile am Ost-Berliner Deutschen Theater angekommen ist, betreibt Demontage und Reduktion, läßt nur Fragmente des Textes – in der sehr plasti-schen Übersetzung Heiner Müllers - stehen, verkleinert auch das Per-sonenverzeichnis radikal. Und er entwickelt seine Szenen im Theater in der Kuppel immer wieder aus Ensemble-Situationen, die zunächst mehr mit dem Alltag als mit der Tragödie „Hamlet" zu schaffen haben.

Insofern war es eher erstaunlich, daß die während der Premiere von Zeit zu Zeit abwandernden Besuchergrüppchen klein blieben, daß es am Ende noch zum Beifall der gemäßigten Art reichte und daß etliche energische Buhrufe, von Bravos konterkariert, nur dem Regisseur galten. Veranstaltungen wie diese spalten das Publikum und offenbar ist es Castorf doch gelungen, viele zumindest davon zu überzeugen, daß er keine Scharlatanerie betreibt (...)

Er bemächtigt sich auch nicht des Stücks, um es nach seinem Willen in eine bestimmte Fasson zu bringen. Er zerlegt es in Teile, die er dann auf eine ganz ungewohnte Weise zusammen mit seiner Truppe er-spielt. Aus einer großangelegten Handlung werden viele kleine Hand-

---

56) KÖLNER STADT-ANZEIGER vom 17./18. April 1989
57) **R. Hartmann** im KÖLNER STADT-ANZEIGER vom 19. April 1989

lungen zwischen denen sich tiefe Klüfte öffnen – an den Stellen, wo gestrichen wurde.

Diese Art, mit einem großen Theatertext umzugehen, hat damit zu tun, daß Castorf, und nicht nur er allein, an die umfassende Verbindlichkeit eines Weltbildes und damit auch einer tragisch ablaufenden Geschichte wie der des Dänenprinzen Hamlet nicht mehr glauben kann. Das Scheitern vor einem solchen geschlossenen dramatischen Kunstgebilde ist einkomponiert. Der Regisseur und die Schauspieler suchen gemeinsam Einstiegsluken in den Text, in die Konflikte (...)

Wie die Aufführung, eine lange, von Erfindung zu Erfindung sich weitertastende Performance, vonstatten geht, läßt sich nicht erzählen. Nur Beispiele lassen sich benennen dafür, wie dies gemacht ist. Da treten die Schauspieler vor den Schrank und dürfen, ganz privat, drei Wünsche aussprechen.

Polonius-Darsteller Jürg Löw will „ein bißchen mehr Natur um mich haben", gesund bleiben und „woanders Theater spielen"; Königin-Spielerin Susanne Barth wünscht sich einen Garten, immer verliebt zu sein und einen Koch; und Matthias Günther, der Laertes im Stück, möchte dreimal „weit weg" sein, „vielleicht in Frankreich". Wieder einmal kann es mit „Hamlet" weitergehen, denn Laertes, Sohn des Polonius und Bruder der Ophelia, reist ja nach Frankreich, um seine Studien fortzusetzen.

Glitschige Finger

Nicht immer sind die Einfälle, aus denen Castorf und das Ensemble ihr „Play Hamlet" entwickeln, so schlicht und trivial. Susanna Kraus - oder ist sie in diesem Augenblick doch Ophelia? – verschmiert ein zerschlagenes Ei auf dem Kühlschrank, leckt die glitschigen Finger und Hände ab: Dies ist nur eines von mehreren nicht gar so appetitlichen Bildern für Sinnlichkeit und Begierde. Oder eine reine, künstlich-alberne Clownsnummer: Hamlet, von Kopf bis zu den Knien in Packpapier eingewickelt, läuft umher, läßt Eier fallen und wird zur wandelnden Wundertüte, wenn er dem neugierigen Polonius mit einem Knall Konfetti ins Gesicht schießt.

Das ist komisch, ernsthaft, kompliziert und dies teils gleichzeitig, teils nacheinander. Ein Wechselbad, formal betrachtet eine Collage aus „Hamlet"-Passagen und vielen anderen Zutaten. Viel Vertrautes wird nur gerade angerissen wie die Schauspielerszene oder weggelassen wie die Totengräberszene. Offenbar kann Castorf auch nicht glauben, daß Ophelia aus Liebesverzweiflung ins Wasser geht. Sie planscht sich zwar patschnaß, aber sie stirbt, weil Laertes, Bruder, Verehrer und Sittenwächter in einem, sie erstickt (...)

Im wechselvollen Auf und Ab des HAMLET auf der Bühne bleiben solche Inszenierungen zukünftig sicherlich *nicht die Ausnahme*. Ob sie allerdings den Geschmack des Publikums treffen, mag trotz der positiven Resonanz aus Köln fraglich bleiben. – Neuversuche aber gehören zum lebendigen Theater und sind zu begrüßen, wenn sie seriös angegangen werden. Dabei scheiden sich gerade am HAMLET wahrscheinlich immer die Geister. – Zwischendurch ist es sehr förderlich und jedem Theaterliebhaber anzuraten, den HAMLET–TEXT einmal wieder zu studieren. Man liest ihn stets mit wechselnden und neuen Empfindungen.

4. Stimmen zu SHAKESPEARE [58]

Die Shakespeare-Kritik setzte noch zu Lebzeiten des Autors ein und hält bis zur Gegenwart an. Die Vehemenz der Auseinandersetzung sucht ihresgleichen. Unsere *Textausschnitte* repräsentieren dabei als herausragende Beispiele (positiver) Kritik sowohl die persönliche Auffassung der Autoren als auch weitgehend die Einschätzung ihrer Zeit.

JOHN DRYDEN (1) hebt die intuitive dramatische Urwüchsigkeit SHAKESPEARE'S hervor und verteidigt ihn gegen böswillige und kurzsichtige Kritikaster, die dem Dramatiker Mangel an Bildung vorhalten wollen.

ALEXANDER POPE (2) grenzt den Dramatiker wegen seiner einmaligen Inspirationskraft und Originalität sogar von Homer ab.

Diese Sichtweise unterstreicht auch *SAMUEL JOHNSON (3)*. Für ihn besitzt SHAKESPEARE als moderner Autor in der ungebrochenen Naturkraft seiner Schöpfungen und in der bezwingenden Echtheit seiner Charaktere größte Überzeugungskraft.

Eine aus der ganzen Persönlichkeit kommende Kraft des Handelns ist für *CHARLES LAMB* das Charakteristische der SHAKESPEARE-Figuren, denen nichts Zufälliges anhaftet (4).

Für *WALTER RALEIGH* gibt es bei Shakespeare nichts, was dort nicht

---

58) Die Zitate 1-7 sind folgenden Quellen entnommen:
   (1) J.D. Essay of Dramatic Poesy, 1668
   (2) A.P. The Works of Shakespeare, 1725 (Vorwort)
   (3) S.J. The plays of William Shakespeare, 1765
   (4) C.L. On the Tragedies of Shakespeare, considered with
       reference to their fitness for Stage Representation, 1811
   (5) W.R. Shakespeare, Chapter I, 1907
   alle in: CRITICS ON SHAKESPEARE (EDITED BY W.T.
       ANDREWS)
   (6) G.H. Einleitung zu den Shakespeare-Visionen, 1918 in J. Paris,
       Shakespeare, S. 164
   (7) W.U. Peter Brooks „Sommernachtstraum", 1972 in:
       W.U. Wofür ist das ein Zeichen? S. 36-37

intensivst gefühlt worden wäre, was dann erst aus vollstem Herzen mitgeteilt werde (5).

GERHART HAUPTMANN (6), dessen lebenslange Bewunderung für SHAKESPEARE wir im Kapitel 3.2 angesprochen haben, drückt seinen ganzen Enthusiasmus für den „Magier" einer ganz neuen „Himmels-, Erden- und Menschenwelt" aus.

Mit den Worten *WILHELM UNGERS (7)* schließlich, des bekannten und vielfach ausgezeichneten Theaterkritikers des KÖLNER STADT-ANZEIGERS, mit dem ich in den letzten eineinhalb Jahren vor seinem Tode noch intensive Gespräche gerade über HAUPTMANN und SHA-KESPEARE führen konnte, werden abschließend noch einmal wesentliche Akzente der dramatischen Kunst WILLIAM SHAKESPEA-RE'S aus heutiger Sicht und in der Sprache unserer Zeit zusammengefaßt.

1) He was the man who of all modern, and perhaps ancient, poets, had the largest and most comprehensive soul. All the images of nature were still present to him, and he drew them, not laboriously, but luckily; when he describes anything, you more than see it, you feel it too. Those who accuse him to have wanted learning give him the greater commendation: he was naturally learned; he needed not the spectacles of books to read nature; he looked inwards and found her there. I cannot say he is everywhere alike; were it so, I should do him injury to compare him with the greatest of mankind. He is many times flat, insipid; his comic wit degenerating into clenches, his serious swelling into bombast. But he is always great, when some great occasion is presented to him.

2) If ever any Author deserved the name of an *Original* it was *Shakespeare*. *Homer* himself drew not his art so immediately from the fountains of Nature, it proceeded thro' *Aegyptian* strainers und channels, and came to him not without some tincture of the lear-

ning, or some cast of the models, of those before him. The Poetry of *Shakespeare* was Inspiration indeed: he is not so much an Imitator, as an Instrument, of Nature; and 'tis not so just to say that he speaks from her, as that she speaks thro' him.

His *Characters* are so much Nature her self, that 'tis a sort of injury to call them by so distant a name as Copies of her.

3) *Shakespeare* ist above all writers, at least above all modern writers, the poet of nature; the poet that holds up to his readers a faithful mirrour of manners and of life. His characters are not modified by the customs of particular places, unpractised by the rest of the world; by the peculiarities of studies or professions, which can operate but upon small numbers; or by the accidents of transient fashions or temporary opinions: they are the genuine progeny of common humanity, such as the world will always supply, and observation will always find. His persons act and speak by the influence of those general passions and principles by which all minds are agitated, and the whole system of life is continued in motion. In the writings of other poets a character is too often an individual; in those of *Shakespeare* it is commonly a species

4) The „story" or „action" of a Shakespearean tragedy does not consist, of course, solely of human actions or deeds; but the deeds are the predominant factor. And these deeds are, for the most part, actions in the full sense of the word; not things done "tween sleep and wake', but acts or omissions thoroughly expressive of the doer, – characteristic deeds. The centre of the tragedy, therefore, may be said with equal truth to lie in action issuing in character, or in character issuing in action.

5) No dramatist can create live characters save by bequeathing the best of himself to the children of his art, scattering among them a

largess of his own qualities, giving, it may be, to one his wit, to another his philosophic doubt, to another his love of action, to another the simplicity and constancy that he finds deep in his own nature. There is no thrill of feeling communicated from the printed page but has first been alive in the mind of the author; there was nothing alive in his mind that was not intensely and sincerely felt. Plays like those of Shakespeare cannot be written in cold blood; they call forth the man's whole energies, and take toll of the last farthing of his wealth of sympathy and experience.

6) Es gibt unter den Dichtern keinen, der es uns so leicht macht, die Fiktion aufrecht zu erhalten, als hätten wir es in seinen Geisteswerken nicht mit Erdichtungen, sondern mit Wirklichkeiten zu tun. Der Zauber, das göttliche Blendwerk dieses Prospero, ist unergründlich und unübertrefflich.

7) Shakespeare's Geheimnis ist seine Sprache. Wer sie so zelebriert wie die Royal Shakespeare Company, der kan traditionsgemäß–auf alles verzichten, was die Sprache durch Szenarien unterstützen, aber ebenso auch verfälschen, in eine bestimmte Richtung drängen kann. Max Reinhardts Waldromantik in Ehren, aber sie hat bei all ihrer Schönheit der Phantasie des Zuschauers Grenzen gesetzt. Aber gerade auf sie, die Freilassung der im Menschen geknebelten Phantasie kommt es an.

Shakespeare's Wald ist die Natur, die Natur im Menschen. Ewig gültig bleibt der Sturm der Begeisterung aus dem Herzen des jungen Goethe: „Und ich rufe Natur! Natur! Nichts so Natur als Shakespeare's Menschen!"

5. Literatur (–Auswahl–)

Wie kaum anders denkbar, gibt es zu WILLIAM SHAKESPEARE eine Flut an Sekundärliteratur. Man hat ein schlechtes Gewissen, in einem ERLÄUTERUNGS– und MATERIALIENBAND einzelne Titel anzugeben, andere nicht, weil man sie möglicherweise gar nicht kennt. Auf der anderen Seite erlauben Zweck und Funktion dieses Bandes Beschränkung und auch „Lücken". – Im Rahmen unserer Darstellung betrachten wir die angegebenen Titel als mehr denn nur ausreichend. Man kann sich an ihnen entlang gut in Werk und Welt des WILLIAM SHAKESPEARE hineintasten; auch dem Kenner, davon sind wir überzeugt, werden einzelne Titel Freude und Überraschung bieten.

* * *

William Shakespeare	Hamlet. Tragödie. Stuttgart 1986 (Reclam Nr. 31)
	The Alexander Shakespeare. Hamlet. London-Glasgow 5. Auflage 1988 (herausgegeben von B. Davies)
	Barron's Book Notes. William Shakespeare. Hamlet. Stuttgart 1987
	Holinshed's Chronicle an Used in Shakespeare's Plays. London 1978

* * *

E. Malpass	Liebt ich am Himmel einen hellen Stern („Sweet Will"). Hamburg 1974/London 1973

Unglücklich sind wir nicht allein („The Cleopatra Boy"). Hamburg 1975/London 1974

Der erste Roman greift die Beziehung SHAKESPEARE'S zu ANNE HATHA-WAY auf; im 2. Roman geht es mehr um den Londoner SHAKESPEARE

* * *

W.T. Andrews (Hg.)	Critics on Shakespeare. London 1973
M. Bradbrook	On Shakespeare. New Jersey 1986
A. Burgess	Shakespeare. London 1970
G. Duthie	Shakespeare. London 1954
G. Greer	Shakespeare. Oxford-New York 1986
F.C. Kolbe	Shakespeare's Way. London 1930
J. Kott	Shakespeare heute. Erw. Neuausgabe. München 1970
W. Weiß	Das Drama der Shakespeare-Zeit. Stuttgart 1979

* * *

S. Johnson	Vorwort zum Werk Shakespeare's. Mit einer Einleitung herausgegeben von M. Mainusch. Stuttgart 1987

* * *

C. Dollerup	Denmark, Hamlet und Shakespeare. 2 Bde. Salzburg 1975 (Elizabethan und Renaissance Studies 47)

W. Erzgräber (Hg.)	Shakespeare. Hamlet-Interpretation. Darmstadt 1977 (Wege der Forschung)
P. Gottschalk	The Meanings of Hamlet. Albuquerque 1972
H. Glunz	Das Problem des „Hamlet" heute. Darmstadt 1977 (In: Wege der Forschung)
A. Gurr	Hamlet and the Distracted Globe. Edinburgh 1978
R. Lengeler	Vom Mitleiden am Leiden des Verbrechers. In: Sympathielenkung in den Dramen Shakespeare's, herausgegeben von Habicht/Schabert. München 1978
H. Levin	The Question of Hamlet. New York 1959
E. Neis	Shakespeare. Hamlet. Königs Erläuterungen und Materialien. Hollfeld 15. Auflage 1983
B. Rojahn-Deyk (Hg.)	William Shakespeare. Macbeth (Englisch/Deutsch). Stuttgart 1983
H.H. Rudnick (Hg.)	William Shakespeare. Hamlet. Stuttgart 1982

* * *

H. Daiber	Deutsches Theater seit 1945. Stuttgart 1976
G.R. Elton	England under the Tudors. Methuen 1955
H.A. Frenzel	Geschichte des Theaters. Daten und Dokumente 1470-1840. München 1979
E. Hilscher	Gerhart Hauptmann. Berlin (Ost) 1979

M.R. Martin	The Concise Encyclopedic Guide to Shakespeare. New York 1971
K. Muir/S. Schoenbaum (Herausgeber)	Shakespeare. Eine Einführung. Stuttgart 1972
H. Oppel	Shakespeare. Studien zum Werk und zur Welt des Dichters. Heidelberg 1963
J. Paris	William Shakespeare mit Selbstzeugnissen und Bilddokumenten. Hamburg 1985 (100.-103. Tsd.)
H. Pearson	A Life of Shakespeare. London 1987
P. Quennell	Shakespeare. Der Dichter und seine Zeit. München 1982.
J. Randle	Understanding Britain. A History of the British People and their Culture. London 1986
M.M. Reese	Shakespeare's World and His Work. London 1953
S. Schoenbaum	Shakespeare. The Globe and the Wrld. New York 1979
D.A. Traversi	An Approach to Shakespeare. New York 1956
W. Unger	Wofür ist das ein Zeichen? Köln 1985

* * *

M.C. Bradbrook	The Living Monument: Shakespeare and the Theatre of His Time. Cambridge 1976
A.C. Bradley	Shakespearean Tragedy. New York 1955
G.L. Brook	The Language of Shakespeare. London 1976

E.A.J. Honigmann — Shakespeare's Impact on His Contemporaries. London 1982

D. Mehl — Das englische Drama. Vom Mittelalter bis zur Gegenwart. Düsseldorf 1970

R. Nero — Tragic Form in Shakespeare. Princeton 1972

A. Rüegg — Shakespeare. Eine Einführung in seine Dramen. Bern 1951

U. Suerbaum — Shakespeare's Dramen. Düsseldorf – Bern München 1980

E.E. Stoll — Shakespeare and Other Masters. Cambridge (Mass.) 1940

A.-M. Tauber — Die Sterbeszenen in Shakespeare's Dramen. Bern – München 1964

P. Thomson — Shakespeare's Theatre. London 1983

S. Wells — Literature and drama, with special reference to Shakespeare and his contemporaries. London 1970

EPOCHEN DEUTSCHER LITERATUR

EINE

DEUTSCHE

LITERATURGESCHICHTE

in Einzelbänden

Kompendium für den Deutschunterricht an weiterführenden Schulen.

Aus dem Inhalt:
Vorstellung der einzelnen Epochen
Nennung der Vertreter der Literatur-
richtung
Interpretationen wesentlicher Werke
Grundtendenzen
Sprache – Stil
Politisch-soziale Situationen

Ingeborg Scholz
Deutsche Dichtung des Barock
Best.-Nr. 0487

Hans-Ulrich Lindken
Die deutsche Frühromantik
Best.-Nr. 0480

Hans-Ulrich Lindken
Die deutsche Hoch- und Spätromantik
Best.-Nr. 0484

Wilhelm Große
**Von der Aufklärung zum Sturm
und Drang**
Best.-Nr. 0486

Martin Pfeifer
Sturm und Drang
Best.-Nr. 0483

Ingeborg Scholz
Die deutsche Klassik
Best.-Nr. 0485

Edgar Neis
Impressionismus und Expressionismus
Best.-Nr. 0482

Egon Ecker
**Realismus des 19. und
20. Jahrhunderts**
Best.-Nr. 0481

C. Bange Verlag – 8607 Hollfeld/Ofr.

BANGE LERNHILFEN

Christian Floto

Basisinterpretationen für den Literatur- und Deutschunterricht der Sekundarstufen Band I

Best.-Nr. 0589-4 – Ausgewählte Stücke u. Prosa von Shakespeare bis Ionesco –

Nach einer kurzen Skizzierung der Literaturepochen werden anhand häufig gelesener Stücke Basisinterpretationen gegeben. Sämtliche Beispiele entstanden im Unterricht der Sekundarstufen.

Folgende Stücke werden u. a. behandelt:
Skakespeare, Hamlet – Lessing, Nathan – Schiller, Wallenstein – Goethe, Iphigenie – Kleist, Marquise von O / Die Verlobung . . . – Fontane, Effi Briest – Dostojewskij, Der Spieler – Hauptmann, Rose Bernd – Mann, Tonio Kröger – Döblin, Berlin Alexanderplatz – Kafka, Der Prozeß – Brecht, Sezuan – Kipphardt, Oppenheimer – Frisch, Homo Faber – Frisch, Biedermann u. Br. – Ionesco, Die Stühle.

Christian Floto

Basisinterpretationen für den Literatur- und Deutschunterricht der Sekundarstufen Band II

Best.-Nr. 0593-2 – Ausgewählte Stücke und Prosa „moderner" Autoren in der ersten Hälfte des 19. Jahrhunderts –

Literaturgeschichtlicher Abriß, Biographische Stationen, Aufbauprinzipien von Novelle und Drama; Problemorientierte Bezüge zur modernen, sozialpsychologischen Lebenssituation.

Folgende Stücke werden u. a. behandelt:
Büchner, Woyzeck – Grabbe, Scherz, Satire, Ironie . . . – Kleist, Der zerbrochene Krug / Prinz von Homburg / Michael Kohlhaas / Erdbeben in Chili.

Bernd Matzkowski

Basisinterpretationen für den Literatur- und Deutschunterricht der Sekundarstufen Band III

Best.-Nr. 0598-3 – Untersuchungen und didaktische Hinweise zum Volksbuch von Till Eulenspiegel. Hinweise auf den Schelmenroman –

Sachanalyse
1. Kurze Darstellung des Gegenstandes
2. Fachwissenschaftliche und interpretatorische Problematik und Aufarbeitung
3. Die Purifizierung des Volksbuches im Verlauf der Rezeption

Ausgewählte Historien – Inhalt und Anmerkungen
1. Historien mit der Betonung auf dem sozialkritischen Charakter
2. Historien mit der Betonung des Derben und Unflätigen

Exkurs: Motivquerverbindungen zu Schelmenromanen des 16. und 17. Jahrhunderts
1. Der frühe spanische Schelmenroman
2. Rabelais, Gargantua et Pantagruel
3. H. J. Ch. von Grimmelshausen, Simplicius Simplicissimus

Vorschläge für die Behandlung des Themas im Unterricht
1. Vorschlag für eine Unterrichtseinheit in der Sekundarstufe I
2. Vorschläge für die Behandlung der Eulenspiegel-Schwänke und der Schelmenromane in der Sekundarstufe II

Bernd Matzkowski / Ernst Sott

Basisinterpretationen für den Literatur- und Deutschunterricht der Sekundarstufen Band IV

Bestell Nr. 0599-1
zu 36 modernen deutschen Kurzgeschichten mit Arbeitsfragen

Inhalt: Interpretationen von Kurzgeschichten, die in den beiden Anthologien: **Arbeitstexte für den Unterricht** (Reclam) Dt. Kurzgeschichten 11. bis 13. Schuljahr und

Pratz / Thiel: **Neue deutsche Kurzgeschichten** (Hirschgraben) enthalten sind.

Anmerkungen zur Geschichte und Theorie der Kurzgeschichte
Arbeitsfragen und Interpretationen zu den folgenden Kurzgeschichten:

Aichinger, Das Fenster-Theater – **Aichinger,** Das Plakat – **Andersch,** Blaue Rosen – **Bender,** Fondue oder der Freitisch – **Bender,** Schafsblut – **Bichsel,** San Salvador – **Böll,** Es wird etwas geschehen – **Böll,** Mein trauriges Gesicht – **Borchert,** Das Brot – **Brambach,** Känsterle – **Brecht,** Die Bestie – **Brecht,** Vier Männer und ein Pokerspiel – **Eisenreich,** Am Ziel – **Grass,** Die Linkshänder – **Hildesheimer,** Der Urlaub – **Horst,** Stummes Glockenspiel – **Hühnerfeld,** Geschlossene Gesellschaft – **Huber,** Die neue Wohnung – **Jens,** Bericht über Hattington – **Kaschnitz,** Eisbären – **Kaschnitz,** Die Reise nach Jerusalem – **Kunert,** Lieferung frei Haus – **Kusenberg,** Herr G. steigt aus – **Lampe,** Die Alexanderschlacht – **Langgässer,** Die getreue Antigone – **Lenz,** Der große Wildenberg – **Meckel,** Die Vampire – **Musil,** Der Riese Agoag – **Reinig,** Skorbion – **Schnabel,** Hundert Stunden vor Bangkok – **Schnurre,** Auf der Flucht – **Seuren,** Das Experiment – **Storz,** Lokaltermin – **Walser,** Die Klagen über meine Methoden häufen sich – **Walser,** Die Rückkehr eines Sammlers – **Weyrauch,** Das Ende von Frankfurt am Main – **Kleines Glossar literarischer Begriffe – Literaturhinweise**

Karin Cohrs / Martin H. Ludwig

Basisinterpretationen für den Literatur- und Deutschunterricht der Sekundarstufen Band V

Romane und Novellen des 19. Jahrhunderts
Bestell-Nr. 0631-9

Aus dem Inhalt:
Einleitung, Politik und Kultur des 19. Jahrhunderts – Interpretationen ausgewähl-ter Romane und Novellen.

Kurzbiographie des Dichters – Entstehung des Werkes – Inhalt – Charaktere – Situationen – Erschließung des Textes (stilistische Besonderheiten, literaturhistori-scher Rahmen, gesellschaftliche und politische Bezüge usw.) – Arbeitsfragen.

Hoffmann, Das Fräulein von Scuderi – **Kleist,** Das Erdbeben in Chili – **Mörike,** Maler Nolten – **Gotthelf,** Wie Uli der Knecht glücklich wird – **Storm,** Immensee – **Droste-Hülshoff,** Die Judenbuche – **Raabe,** Die Akten des Vogelsangs – **Fontane,** Der Stechlin – **Eichendorff,** Aus dem Leben eines Taugenichts – **Keller,** Die drei ge-rechten Kammacher – **Storm,** Hans und Heinz Kirch – **Raabe,** Die schwarze Galee-re – **Fontane,** Schach von Wuthenow – **Hauptmann,** Bahnwärter Thiel.

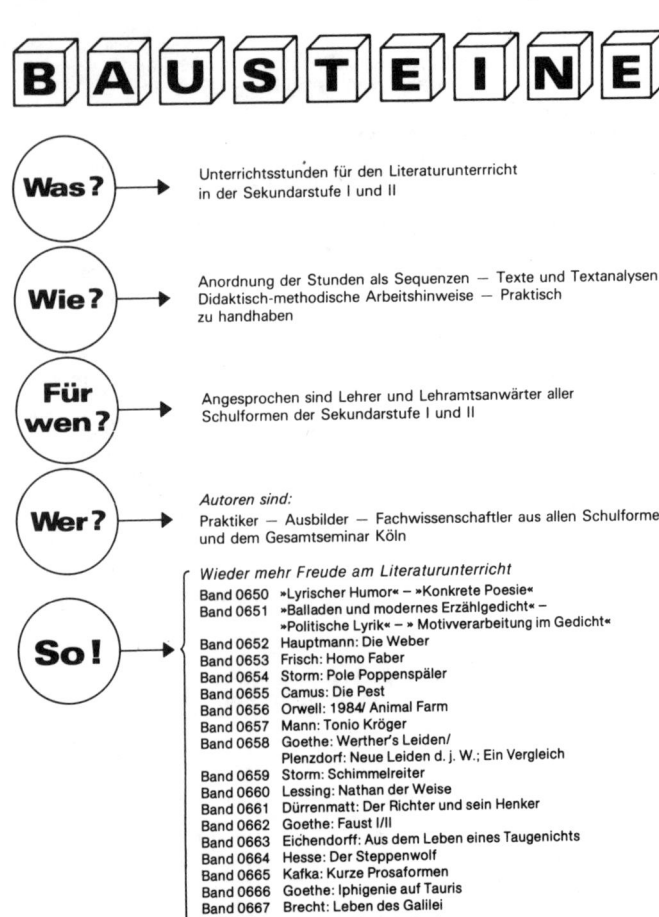

BAUSTEINE

Was? → Unterrichtsstunden für den Literaturunterricht in der Sekundarstufe I und II

Wie? → Anordnung der Stunden als Sequenzen — Texte und Textanalysen Didaktisch-methodische Arbeitshinweise — Praktisch zu handhaben

Für wen? → Angesprochen sind Lehrer und Lehramtsanwärter aller Schulformen der Sekundarstufe I und II

Wer? → *Autoren sind:*
Praktiker — Ausbilder — Fachwissenschaftler aus allen Schulformen und dem Gesamtseminar Köln

So! →

Wieder mehr Freude am Literaturunterricht

Band 0650 »Lyrischer Humor« – »Konkrete Poesie«
Band 0651 »Balladen und modernes Erzählgedicht« –
»Politische Lyrik« – »Motivverarbeitung im Gedicht«
Band 0652 Hauptmann: Die Weber
Band 0653 Frisch: Homo Faber
Band 0654 Storm: Pole Poppenspäler
Band 0655 Camus: Die Pest
Band 0656 Orwell: 1984/ Animal Farm
Band 0657 Mann: Tonio Kröger
Band 0658 Goethe: Werther's Leiden/
Plenzdorf: Neue Leiden d. j. W.; Ein Vergleich
Band 0659 Storm: Schimmelreiter
Band 0660 Lessing: Nathan der Weise
Band 0661 Dürrenmatt: Der Richter und sein Henker
Band 0662 Goethe: Faust I/II
Band 0663 Eichendorff: Aus dem Leben eines Taugenichts
Band 0664 Hesse: Der Steppenwolf
Band 0665 Kafka: Kurze Prosaformen
Band 0666 Goethe: Iphigenie auf Tauris
Band 0667 Brecht: Leben des Galilei
Band 0668 Droste-H.: Die Judenbuche

C. Bange Verlag Tel. 09274//372 8607 Hollfeld

Bange
Lernhilfen

in Ihrer Buchhandlung vorrätig

- Chemie
- Deutsch
- Englisch
- Französisch
- Geschichte
- Latein
- Mathematik
- Philosophie
- Physik

Gesamtverzeichnis

Chemie

Th. Bokorny
Chemie Gerüst

Wegweiser und Ratgeber für Schüler und Abiturienten.
13. überarbeitete Auflage
128 Seiten

Bestell-Nr. 0674-2

Dieses kurze in Tabellenform abgefaßte Vademecum der Chemie soll kein Lehrbuch oder Lexikon sein, sondern die großen Linien und wissenswerten Teile der modernen Chemie übersichtlich klar und einprägsam veranschaulichen und in Erinnerung bringen.

Thomas Neubert
Chemische Formelsammlung 9.-10. Klasse

36 Seiten

Bestell-.Nr 0685-8

Hier wurden die wesentlichen Formeln mit Ihren Anwendungsmöglichkeiten aufgezeichnet. Für den Schulunterricht und für häusliches Arbeiten ein wichtiges Hilfsmittel – echte Lernhilfe!

Deutsch

Christian Floto
Basisinterpretationen für den Literatur- und Deutschunterricht I

-Ausgewählte Stücke und Prosa von Shakespeare bis Ionesco-
96 Seiten 2. Auflage

Bestell-Nr. 0589-4

Nach einer kurzen Skizzierung der Literaturepoche werden anhand häufig gelesener Stücke Basisinterpretationen gegeben. Alle Beispiele entstanden im Unterricht der Sekundarstufen.
Folgende Stücke werden u.a. behandelt:
Shakespeare, Hamlet - Lessing, Nathan - Schiller, Wallenstein - Goethe, Iphigenie - Kleist, Marquise von O/Die Verlobung ... - Fontane, Effi Briest - Dostojewski, Der Spieler - Hauptmann, Rose Bernd -Mann, Tonio Kröger – Döblin, Berlin Alexanderplatz - Kafka, Der Prozeß - Brecht, Sezuan - Kipphardt, Oppenheimer - Frisch, Homo Faber - Frisch, Biedermann u. Br. - Ionesco, Die Stühle.

Bernd Matzkowski
Basisinterpretationen für den Literatur- und Deutschunterricht III

Untersuchungen und didaktische Hinweise zum Volksbuch Till Eulenspiegel.

Hinweise auf den Schelmenroman.

80 Seiten

Bestell-Nr. 0598-3

Sachanalyse - Ausgewählte Historien - Motivquerverbindungen zu Schelmenromanen des 16. und 17. Jahrhunderts - Vorschläge für die Behandlung im Unterricht u.a.

Karin Cohrs/Martin H. Ludwig
Basisinterpretationen für den Literatur- und Deutschunterricht V

Romane und Novellen des 19. Jahrh.

120 Seiten

Bestell-Nr. 0631-9

Aus dem Inhalt:
Einleitung, Politik und Kultur des 19. Jahrhunderts - Interpretationen ausgewählter Romane und Novellen.

Kurzbiographie des Dichters - Entstehung des Werkes - Inhalt - Charaktere - Situationen - Erschließung des Textes (stilistische Besonderheiten, literaturhistorischer Rahmen, gesellschaftliche und politische Bezüge usw.). Arbeitsfragen.
Hoffmann, Das Fräulein von Scuderi - Kleist, Das Erdbeben in Chili - Mörike, Maler Nolten - Gotthelf, Wie Uli der Knecht glücklich wird - Storm, Immensee - Droste-Hülshoff, Die Judenbuche - Raabe, die Akten des Vogelgesangs - Fontane, Der Stechlin - Eichendorff, Aus dem Leben eines Taugenichts - Keller, Die drei gerechten Kammacher - Storm, Hans und Heinz Kirch - Raabe, Die schwarze Galeere - Fontane, Schach von Wuthenow - Hauptmann, Bahnwärter Thiel

Rüdiger Giese/Christian Floto
Basisinterpretationen für den Literatur- und Deutschunterricht VI

Romane und Novellen
aus dem 20.Jahrhundert
112 Seiten

Bestell-Nr. 0473-1

Schnitzler, Leutnant Gustl - Mann, Tod in Venedig - Kafka, Die Verwandlung - Hesse, Der Steppenwolf - Kästner, Fabian - Mann, Mephisto - Zweig, Schachnovelle - Böll, Haus ohne Hüter - Wolf, Der geteilte Himmel - Kempowski, Tadellöser und Wolff

Bausteine - Deutsch

stellt detaillierte Unterrichtsstunden zur Behandlung unterschiedlichster Texte für die Sekundarstufen I und II vor.

Anordnung der Stunden als Sequenzen - Texte und Textanalysen - Didaktisch-methodische Arbeitshinweise - praktisch zu handhaben.

Angesprochen sind Lehrer und Lehramtsanwärter aller Schulformen.

Autoren sind: Praktiker - Ausbilder - Fachwissenschaftler aus allen Schulformen.

Bausteine Lyrik I
Spiel mit Sprache/Lyrischer Humor/Konkrete Poesie
Bestell-Nr. 0650-5

Bausteine Lyrik II
Balladen/Modernes Erzählgedicht/Chanson/Politische Lyrik/Thema- und Motivverwandschaft.
Bestell-Nr. 0651-3

Gerhart Hauptmann: Die Weber
Bestell-Nr. 0652-1

Max Frisch: Homo Faber
Bestell-Nr. 0653-X

Theodor Storm: Pole Poppenspäler
Bestell-Nr. 0654-8

Albert Camus: Die Pest
Bestell-Nr. 0655-6

George Orwell: 1984/Animal Farm
Bestell-Nr. 0656-4

Thomas Mann: Tonio Kröger
Bestell-Nr. 0657-2

Goethe-Plenzdorf: Werther
Bestell-Nr. 0658-0

Theodor Storm: Schimmelreiter
Bestell-Nr. 0659-9

Gotth. E. Lessing: Nathan der Weise
Bestell-Nr. 0660-2

Fr. Dürrenmatt:
Der Richter und sein Henker
Bestell-Nr. 0661-0

Joh. W. von Goethe: Faust I/II
Bestell-Nr. 0662-9

Jos. v. Eichendorff: Taugenichts
Bestell-Nr. 0663-7

Hermann Hesse: Der Steppenwolf
Bestell-Nr. 0664-5

Franz Kafka: Kurze Prosaformen
Bestell-Nr. 0665-3

Joh. Wolfg. von Goethe:
Iphigenie auf Tauris
Bestell-Nr. 0666-1

Bert Brecht: Leben des Galilei
Bestell-Nr. 0667-X

Annette von Droste-Hülshoff:
Die Judenbuche
Bestell-.Nr. 0668-8

Dichtung in Theorie und Praxis

Texte für den Unterricht

Mit dieser Serie von Einzelheften legt der BANGE-VER-LAG Längs- und Querschnitte durch Dichtungs-(Literatur) Gattungen für die Sekundarstufen vor.
Jeder Band ist - wie der Reihentitel bereits aussagt - in die Teile Theorie und Praxis gegliedert; darüber hinaus werden jeweils zahlreiche Texte geboten, die den Gliederungsstellen zugeordnet sind. Ein Teil Arbeitsanweisungen schließt sich an, der entweder Leitfragen für die einzelnen Abschnitte oder übergeordnete oder beides bringt.
Wir hoffen bei der Auswahl der Texte eine „ausgewogene Linie" eingehalten und die Bände für die Benutzer wirklich brauchbar gestaltet zu haben.

Bestell-Nr.
450 Die Lyrik
451 Die Ballade
452 Das Drama
453 Kriminalliteratur
454 Die Novelle
455 Der Roman
456 Kurzprosa
(Kurzgeschichte, Kalendergeschichte/Skizze/Anekdote)
457 Die Fabel
458 Der Gebrauchstext
459 Das Hörspiel
460 Trivialliteratur
461 Die Parabel

462 Die politische Rede
463 Deutsche Lustspiele und Komödien
Weitere Bände in Vorbereitung

Egon Ecker
Wie interpretiere ich Novellen und Romane?
Methoden und Beispiele
180 Seiten - 2. Auflage
Bestell-Nr. 0686-6

Notizen zur Betrachtung eines dichterischen Textes - zur Technik der Interpretation.

Beispiele:
Keller, Drei gerechte Kammacher

Novellen:
Büchner, Lenz - Storm, Schimmelreiter - Andres, Die Vermummten

Romane:
Mann, Königl. Hoheit - Frisch, Homo Faber - Andres, Knabe im Brunnen - Andersch, Sansibar.
Zur Theorie der Novelle - Zur Theorie des Romans - Gliederungsvorschläge - Themenvorschläge - Literaturverzeichnis

Egon Ecker
Rechtschreibung und Diktate
3./4. Jahrgangsstufe
2. Auflage, 112 Seiten
Bestell-Nr. 0579-7

Als Band für die Vorbereitung des Übertritts in andere Schularten gibt der Autor ein Hilfsmittel zur richtigen Schreibweise und Anwendung der deutschen Sprache.

Inhalt: Groß- und Kleinschreibung - Gleich und ähnlichklingende Laute - Dehnung - Schärfung - Silbentrennung - Sprachlehre - Satzmodelle - Diktatstoffe - Lösungen u.v.a.

Epochen deutscher Literatur
Kurzgefaßte Abhandlung für den Deutschunterricht an weiterführenden Schulen.

Bestell-.Nr. 0480
Die deutsche Romantik I
Frühromantik

Bestell-.Nr. 0481
Realismus des 19. u. 20. Jahrhunderts

Bestell-.Nr. 0482
Impressionismus und Expressionismus

Bestell-.Nr. 0483
Sturm und Drang

Bestell-.Nr. 0484
Die deutsche Romantik II
Spätromantik

Bestell-.Nr. 0485
Die Deutsche Klassik

Bestell-.Nr. 0486
Von der Aufklärung zum Sturm und Drang
Literaturgeschichtliche Querschnitte

Bestell-.Nr. 0487
Deutsche Dichtung des Barock

Textanalyse 1
Umgang mit fiktionalen (literarischen) Texten

152 Seiten

Bestell-Nr. 0641-6

Aus dem Inhalt:
I. Der Begriff des fiktionalen Textes: Das "Ästhetische" der Literatur - Betrachtungsweisen von Literatur - Literarische Wertung.

II. Probleme der Interpretation: Der Prozeß des "Verstehens" - Methoden der Literaturinterpretation - Arbeitstechniken (Textwiedergabe / Texterarbeitung / Texterörterung).

III. Beispiele für Interpretationen: Epische Texte - Dramatische Texte - Gedichte.

IV. Massenliteratur.

Textanalyse 2
Umgang mit nichtfiktionalen (Gebrauchs-)Texten

144 Seiten

Bestell-Nr. 0642-4

Aus dem Inhalt:
I. Der Textbegriff.
II. Eine Typologie von Gebrauchstexten.
III. Bedingungen der Textanalyse.
IV. Methoden der Textanalyse: Textwiedergabe - Textbeschreibung - Texterörterung.
V. Beispiele für Textanalysen: Darstellende Texte (Sachtexte/Wissenschaftliche Texte) - Werbende Texte (Werbetexte/Politische Reden) - Gesetzestexte.

Gebrauchstextanalysen

-Methoden und Beispiele-

2. Auflage, 80 Seiten

Bestell-Nr. 0588-6

Herausgegeben von einem Arbeitskreis der Pädagogischen Akademie Zams.

Aus dem Inhalt:
I. Warum Textuntersuchung? Begriffserklärungen
II. Textanalyse - Textkritik
Vorgestellt werden nur drei Möglichkeiten einer Analyse:
a) Kommunikationstheoretischer Aspekt
b) stilistischer Aspekt
c) soziologischer Aspekt
III. Gebrauchstexte verschiedener Art, die auf o.a. Aspekte hin untersucht, bzw. kritisiert wurden.

Ordnung der Texte nach Themenkreisen:
Werbetexte - Ferienprospekte - Kinoprogramme - Diverse Jugendzeitschriften (Bravo u.a.) - Illustrierte und Frauenzeitschriften (Frau im Spiegel u.a.) - Schullesebücher: Politische Beiträge/Kulturelle Beiträge - Literarische Texte.

Robert Hippe
Mündliche und schriftliche Kommunikation

2. Aufl., 104 Seiten

Bestell-Nr. 0563-0

Sprache - Sprache und Verständigung
Grundbegriffe der Kommunikation - Die drei Dimensionen des Zeichens - Verschiedene Arten von Zeichen - Sprache und Norm
Die Rede - Formen der Rede - Rhetorische Figuren - Analyse vorgegebener Reden - Redeanleitungen, - analysen und - sammlungen - Der Weg zur eigenen Rede - Exkurs 1: Kodierungsebenen - Exkurs 2: Die Sprache der Werbung als appellative Rede
Das Referat - Verfahrensschritte - Beurteilungskriterien - Geeignete Stoffe zur Auswahl
Die Diskussion - Analyse einer vorgegebenen Diskussion - Hinweise auf Vorbereitung, Durchführung und Zielsetzung einer Diskussion - Der Diskussionsbeitrag im sogenannten "Fünfsatz" - Die Debatte - Bericht(erstattung), Kolloquium, Vorlesung
Das Protokoll - Die Arten des Protokolls - Kriterien für die Beurteilung von Stundenprotokollen - Analyse von Protokollen
Die Inhaltsangabe - Merksätze zur Abfassung - Verfahrensschritte - Analyse von Inhaltsangaben - Geeignete Stoffe zur Auswahl
Die Erörterung - Merksätze zur Abfassung - Analyse von Erörterungen - Geeignete Stoffe zur Auswahl.

Robert Hippe
Umgang mit Literatur

2. Auflage, 116 Seiten

Bestell-Nr. 0564-9

Definition von Literatur - Grundformen von Literatur - Merkmale der Lyrik - Merkmale der Epik - Merkmale der Dramatik - Formprobleme der Literatur - Aufbauprobleme in der Literatur - Arten der Interpretation - Was ist Interpretation - Literatur und Wirklichkeit u.v.a.

Robert Hippe
Sprach- und Textbetrachtungen

132 Seiten

Bestell-Nr. 0569-X

Sprachbetrachtung

Historisch - Theorien über die Entstehung der Sprache(n) - Die indogermanische (idg.) Sprachfamilie - Die geschichtliche Entwicklung des Hochdeutschen - Lehn- und Fremdwörter - Sprachrätsel und Sprachspiele - Auswahl-Bibliographie.
Systematisch - Grammatik - die traditionelle Grammatik - Die generative Transformationsgrammatik - Die strukturelle Grammatik.

Textbetrachtung

Allgemeines - Definition von Text - Textsorten - Beispiele - Übungen - Auflösung der Rätsel.

Robert Hippe

Textanalysen

mit Aufgaben und Übungen
3. Aufl., 120 Seiten

Bestell-Nr. 0586-X

Einleitung: Über Text, Textbeschreibung und Textanalyse
I. Fiktionale (literarische) Texte
Lyrik
(Barock, Sturm und Drang, Klassik, Romantik, Realismus, Expressionismus, Hofmannsthal und Rilke, Lyrik nach 1945, Motivgleiche Gedichte). Jeweils an Beispielen erklärt.
Epik
(Roman, Novelle, Märchen, Fabel, Kurzgeschichte, Sonderform des Essays)
Dramatik
II. Unterhaltungs- und Trivialliteratur
III. Nicht fiktionale (nicht literarische) Texte
Werbetexte - Gesetzestexte - Kochrezepte - Redetext (rhetorischer Text)

Robert Hippe

Kurzgefaßte deutsche Grammatik und Zeichensetzung

9. Auflage, 72 Seiten

Bestell-Nr. 0515-0

Ein Abriß der deutschen Grammatik systematisch und fundamental dargeboten; beginnend mit den Wortarten, Betrachtung der Satzteile und Nebensätze bis zu den Satzzeichen, Beispiele durchsetzen das Ganze und Lösungen sollen Fehler auffinden helfen. Ein nützliches in Tausenden von Exemplaren bewährtes Übungs- und Nachhilfebuch.

Robert Hippe

Interpretationen zu 62 ausgewählten motivgleichen Gedichten

mit vollständigen Gedichtstexten
6. Auflage, 120 Seiten

Bestell-Nr. 0587-7

Der Verfasser hat die wiedergegebenen Interpretationen und Auslegungen in langen Gesprächen und Diskussionen mit Oberprimanern erarbeitet. Die hier angebotenen Deutungsversuche erheben keinen Anspruch auf die einzig möglichen oder richtigen, sondern sollen Ausgangspunkte für Weiterentwicklungen und Erarbeitungen sein.
Aus dem Inhalt: Themen wie Frühling - Herbst - Abend und Nacht - Brunnen - Liebe - Tod - Dichtung u.v.a.

Robert Hippe

Interpretationen zu 50 modernen Gedichten

mit vollständigen Gedichtstexten
4. Auflage, 136 Seiten

Bestell-Nr. 0597-5

Der vorliegende Band verspricht Interpretationshilfe und Deutungsversuche - in unterschiedlicher Dichte und Ausführlichkeit - für 50 moderne Gedichte. Materialien und Auswahlbibliographie bereichern die Interessenten Hilfen für den Deutsch- und Literaturunterricht. Für den Lehrer eine echte Bereicherung zur Vorbereitung des Unterrichts.

Aus dem Inhalt: Lasker-Schüler - Hesse - Carossa - Benn - Britting - Brecht - Eich - Kaschnitz - Huchel - Kästner - Bachmann - Piontek - Celan - Härtling - Reinig - Grass - Enzensberger u.v.a.

Robert Hippe

Kurzgefaßte deutsche Rechtschreiblehre

64 Seiten

Bestell-Nr. 0519-3

Anleitungen - Ausarbeitungen - Gliederungen - Themenvorschläge u.v.a.
jeweils mit Lösungsschlüssel

A. Unterstufe
Erlebnisschilderung oder -erzählung
Vorgangsschilderung oder -erzählung
Die Nacherzählung, die Erklärung oder Arbeitsanweisung, Vorgangsbericht oder Beschreibung, Inhaltsangabe

B. Mittelstufe
Die Schilderung, Stimmungsbild, Charakteristik, Bericht und Inhaltsangabe, sachliches Schreiben, Facharbeit, Erörterung u.a.

Interpretationen motivgleicher Gedichte in Themengruppen

mit vollständigen Gedichtstexten
Band 1:

Edgar Neis

Der Mond in der deutschen Lyrik

80 Seiten

Bestell-Nr. 0620-3

Arp - Bischoff - Borchert - Boretto - Britting - Brokkes - Bürger - Claudius - Däubler - Droste-Hülshoff - Geibel - Gleim - Goethe - Härtling - Heine - Holz - Klopstock - Krähenbühl - Krolow - Lange - Lehmann - Leonhard - Lichtenstein - zur Linde - Maurer - Morgenstern - Rasche - Rühmkorf - v. Stollberg - Trakl - v.d. Vring - Werfel - Wiens.

Band 2:

Edgar Neis

Politische-soziale Zeitgedichte

2. Auflage, 112 Seiten

Bestell-Nr. 0621-1

Bachmann - Biermann - Brecht - Bürger - Celan - Dehmel - Domin - Enzensberger - Le Fort - Freiligrath - Gryphius - Hädecke - Hagelstange - Heine - Herwegh - Keller - Kerr - Logau - Marti - Platen - Sabias - Salis - Schenkendorf - Schiller - Schreiber - Schubart - Tucholsky - W.v.d. Vogelweide - Weitbrecht - Wildenbruch.

Edgar Neis

3. Auflage, 56 Seiten

Bestell-Nr. 0604-1

Band 5: Borges, Das geheime Wunder - Calderón, Invasion - Callaghan, ein sauberes Hemd - Campos, Solidarität - Carson, Ein Mädchen aus Barcelona - Hemingway, Die Killer - Huxley, Schminke - Joyce, Eveline - Katajew, Die Messer - Mansfield, Für sechs Pence Erziehung - Manzoni, Die Repräsentiertasse - Olescha, Aldebaran - Saroyan, Vom Onkel des Barbiers, dem von einem Zirkustiger der Kopf abgebissen wurde - Sarte, Die Mauer - Timmermans, Die Maske.

Karl Brinkmann

3. Auflage, 80 Seiten

Bestell-Nr. 0605-X

Band 6: Andersch, Sehnsucht nach Sansibar - Böll, Wie in schlechten Romanen /Undines gewaltiger Vater - Gaiser, Das Wespennest / Fünfunddreißig Meter Tüll / Der Motorradunfall - Grass, Der Ritterkreuzträger - Hildesheimer, Nächtliche Anrufe - Holthaus, Geschichten aus der Zachurei / Allgemeines / Wo liegt Zachzarch / Das Wirtshaus Zum Vollautomatischen Bären - Lenz, Masurische Geschichte / Der Leseteufel / So schön war mein Markt / Der große Wildenberg - Kramp, Was der Mensch wert ist - Reding, Die Bulldozer kamen / Während des Films / Jerry lacht in Harlem / Fahrerflucht - Schnurre, Wovon der Mensch lebt - Walser, Die Artikel, die ich vertrete.

Rudolf Kanzler

64 Seiten

Bestell-Nr. 0606-8

Band 7: Aichinger, Die Silbermünze - Altendorf, Der Knecht Persenning - Andersch, Ein Auftrag für Lord Glouster - Bauer, Hole deinen Bruder an den Tisch - Britting, Der Gang durchs Gewitter - Dörfler, Der Kriegsblinde - Hesse, Das Nachtpfauenauge - Hildesheimer, Der Urlaub - Kaschnitz, Gespenster - Lenz, Die Nacht im Hotel - Th. Mann, Das Eisenbahnunglück - Noack, Die Wand - Ohrtmann, Der Sched ist wieder da - Rinser, Der fremde Knabe - Schallück, Unser Eduard - Wiechert, Mein erster Adler.

Edgar Neis

80 Seiten

Bestell-Nr. 0607-6

Band 8: Andersch, Grausiges Erlebnis - Bachmann, Alles - Bender, In der Gondel / Fondue - Bichsel, Tochter - Bobrowski, Epitaph für Pinnau - Bolliger, Verwundbare Kindheit - Brecht, Wiedersehen - Eisenreich, Der Weg hinaus - Fritz, Schweigen vieler Jahre - Fühmann, Judenauto / Schöpfung - Gaiser, Gazelle grün - Heissenbüttel, Wassermaler - Kaschnitz, Das rote Netz - Kunert, Fahrt mit der S-Bahn - Nossack, Das Mal - Reinig, Drei Schiffe - A. Schmidt, Resümee - Walser, Tänzer / Knabe - Wohmann, Ich Sperber / Der Schwan / Knurrhahn-Stil.

Robert Hippe

72 Seiten

Bestell-Nr. 0608-4

Band 9: Aichinger, Fenster-Theater - Bichsel, Holzwolle - Brecht, Vier Männer und ein Pokerspiel - Frank, Die Monduhr - Fuchs, Gedankenaustausch - Geißler, Kalte Zeiten III - Heckmann, Die Wohltaten des Löffels / Das Henkersmahl - Holthaus, Warhaftige Geschichte von der Spazierfahrt - Kaschnitz, Popp und Mingel / Christine - Klose, Am roten Forst - Kunert, Andromeda zur Unzeit - Lenz, Die große Konferenz - Magiera, In den Sand geschrieben - Marti, Neapel sehen - Mechtel, Ein kleiner Tag - Nossack, Helios GmbH - Novak, Schlittenfahren - Weissenborn, Die Stimme des Herrn Gasenzer / Die Sache mit Dad - Wohmann, Denk immer an heut nachmittag - Weyrauch, Mit dem Kopf durch die Wand - Wohmann, Die Klavierstunde - Zeller, Der Tumbau.

Edgar Neis

80 Seiten

Bestell-Nr. 0609-2

Band 10: Bernhard, Die Mütze - Bichsel, San Salvador / Ein Tisch - Bobrowski, Lipmanns Leib - Brecht, Das Experiment - Brückner, Lewan / Schwierigkeiten beim Ausfüllen eines Meldezettels / Ein Pferd ist ein Pferd - Dürrenmatt, A's Sturz - Gaiser, Fällung eines Teichs - Hildesheimer, Nachtigall - Kaschnitz, Eisbären - Koeppen, Baseballspieler - Kunert, Zirkuswesen - Musil, Das Fliegenpapier - Novak, Abgefertigt - Reinig, Skorpion - A. Schmidt, Sommermeteor - Weyrauch, Beginn einer Rache.

Wolfgang Kopplin

Kontrapunkte

160 Seiten

Bestell-Nr. 0547-9

Kontroversinterpretationen zur modernen deutschsprachigen Kurzprosa.

Prosatexte, zwischen 1963 und 1975 entstanden, dienen dem Autor dazu, die dialektische Methode des Pro und Kontra als Interpretationsansatz anzuwenden. Dem Primärtext schließen sich jeweils die Kontroversinterpretationen an. Ein Buch, welches Anregungen zum Verstehen und zur Entschlüsselung von Texten gibt.
Inhalt: Texte von Artmann - Bichsel - Dellin - Gerz - Gregor - Kunert - Reinig - Schnurre u.a. werden in einer Pro- und Kontra-Interpretation vorgestellt.

Albert Lehmann

Erörterungen

**Gliederungen und Materialen
Methoden und Beispiele**

3. verb. Auflage, 168 Seiten

Bestell-Nr. 0476-6

Die vorliegende Sammlung von 58 Gliederungen, die durch Erläuterungen - vornehmlich Beispiele - zu den einzelnen Gliederungspunkten erweitert sind, sollen die Wiederholung des Jahresstoffes erleichtern.
Stoffkreisthemen: Natur - Tourismus - Technik - Freizeit - Arbeit/Beruf - Konflikte zwischen den Generationen - Drogen - Kinder und Familie - Die Stellung der Frau in der Gesellschaft - Sport - Massenmedien und viele Einzelthemen.

Für Lehrer ein unentbehrliches Nachschlage- und Vorbereitungsbuch.

Birgit Lermen /
Matthias Loewen
Trickfilm als didaktische Aufgabe

Band 1: Sekundarstufe I
232 Seiten · Fotos
Bestell-Nr. 0618-1

Band 2: Sekundarstufe II
Bestell-Nr. 0619-X
216 Seiten · Fotos

Die Untersuchung über den Trickfilm als didaktische Aufgabe trägt der unterschiedlichen Ausgangslage in den beiden Stufen des Sekundarunterrichts Rechnung durch die Aufteilung in zwei Bände.

Band 1 stellt sich gezielt auf die Bedürfnisse und Erwartungen der Sekundarstufe I ein. Aus der Eigenart des Mediums Trickfilm wird ein Analyse-Instrumentarium entwickelt, dessen Brauchbarkeit an 13 Filmen unterschiedlicher Herkunft erprobt wird. Auf der damit geschaffenen Grundlage wird ein didaktisch-methodisches Konzept erstellt.

Band 2 orientiert sich an den Bedürfnissen der Sekundarstufe II. Eine semiotische Einführung erweitert und vertieft die in Band I erstellte Grundlage. Im Mittelpunkt stehen wieder die Einzelanalysen, deren Zahl des größeren Umfangs wegen auf zwölf reduziert ist.
Wie in Band I soll beides - Analysen und Einführung - als Basis dienen für didaktische Fragestellungen und Entscheidungen.
Die Auswahl der Filme wurde in beiden Bänden bestimmt durch:
a) das Ausleihangebot der Stadt und Kreisbildstellen in der Bundesrepublik,
b) die ästhetische Qualität,
c) die thematische Relevanz,
d) die didaktische Potenz.

Martin H. Ludwig
Das Referat

Kurze Anleitung zu einer Erarbeitung und Abfassung für Schüler und Studenten.

Bestell-Nr. 0646-7

Planen und Sammeln - Bibliographieren - Schreiben und Zitieren - Lesen und Notieren - Auswerten und Gliedern - Der Text - Der Vortrag.

Martin H. Ludwig
Praktische Rhetorik

Reden - Argumentieren - Erfolgreich verhandeln

Grafiken - 136 Seiten

Bestell.-Nr. 0688-2

Praktische Rhetorik ist ein Übungsfeld für jedermann! Ob bei der Sammlung von Gedanken, bei der Konzentration der Argumente, bei der Gestaltung einer Rede, in der Rücksichtnahme auf den Verhandlungspartner, bei der Vorsicht vor „gefährlichen" Redewendungen.

Aus dem Inhalt: Formale Rhetorik - Dekorative Rhetorik - Verwendung von Argumenten in der Verhandlung - Psychologie in der Verhandlung - Einzelne Techniken zur Durchsetzung von Anliegen - Positive Verhandlungstechniken - Wie wehre ich mich gegen ...? - Typische Verhandlungssituation - Wann sind welche Techniken angebracht?

Martin H. Ludwig/
Eckhard Ostertag
Lernen - Qual oder Zufall?

Vademecum der Lernarbeit
160 Seiten

Bestell-Nr. 063-4

Dieses Buch ist für solche Menschen geschrieben, die aus eigenem Antrieb lernen möchten, die eine Hilfe und Anleitung für ein leichteres und effektiveres Lernen gebrauchen können.

Aus dem Inhalt: - Warum Lernen lernen? - Wer lernt was warum? - Unter welchen Voraussetzungen lernen wir? - Wie lernen? - Wie lange lernen? - Wieviel lernen? - Wann lernen? - Wie oft lernen? - Womit lernen? - Wo lernen? - Lernen - ein Abenteuer mit sich und mit anderen - Wie das Gelernte festigen? Das eigene Mehrkanalprogramm - Lernen macht Spaß! - Checklisten und Übersichten

Methoden und Beispiele der Kurzgeschichten Interpretation

3. Auflage, 64 Seiten

Bestell-Nr. 0585-1

Herausgegeben und erstellt von einem Arbeitskreis der Pädagog. Akademie Zams.

Methoden: Werkimmanente, existenzialistische, grammatische, stilistische, strukturelle, kommunikative, soziologische, geistesgeschichtliche, historisch/biographisch/symbolistische Methode.

Beispiele: Eisenreich - Cortázar - Dürrenmatt - Brecht - Horvath - Bichsel - Kaschnitz - Lenz - Weißenborn - Rinser - Borchert - Nöstlinger - Wölfel - Langgässer.

An Beispielen ausgewählter Kurzgeschichten werden die einzelnen Methoden der Interpretation demonstriert und erläutert. Information und Nachschlagewerk für den Unterricht in den Sekundarstufen.

Edgar Neis
Das neue große Aufsatzbuch

-Methoden und Beispiele des Aufsatzunterrichts für die Sekundarstufen I und II -

212 Seiten - 5. Auflage

Bestell-Nr. 0636-X

Inhalt:
Zur Technik des Aufsatzschreibens - Stoffsammlung und Disposition - Wie schreibe ich eine Charakteristik? - Wie schreibe ich eine Erörterung? - Der dialektische Besinnungsaufsatz - Themen und Aufsätze zu Problemen unserer Zeit - Aufsätze zur Literatur - Wege der Texterschließung - Interpretationshinweise - Fachbegriffe der Aufsatzlehre (Lexikon der Terminologien) - Vorschläge für Aufsatzthemen - Themenkatalog für das Ende des 20. Jahrhunderts - Literaturnachweis.
Dieses Buch richtet sich an Lehrer und Schüler von Haupt-, Real- und Oberschulen (Gymnasien).
Breit einsetzbar in Grund- und Leistungskursen.

Edgar Neis
Deutsche Diktatstoffe
-Unterstufe-

3. bis 7. Jahrgangsstufe
6. Auflage, 64 Seiten

Bestell-Nr. 0524-X

Edgar Neis
Moderne
deutsche Diktatstoffe
-Sekundarstufe I-

5.-10. Jahrgangstufe

Bestell-Nr. 0693-9

Beide Bände sollen der Einübung und Wiederholung der Rechtschreibung und Zeichensetzung dienen. Jeder Band gliedert sich in zwei Teile, einen systematischen Teil, der zielbewußt interpretiert und durch Erklärungen Verständnis für diese Art Dichtung weckt. Eine unentbehrliche Hilfe für den Deutsch- und Literaturunterricht. Dieser bringt zusammenhängende Diktatstoffe aus dem deutschen Schrifttum. Die Namen der Verfasser bürgen für die Stilhöhe der einzelnen Texte.

Edgar Neis
Interpretationen
von 66 Balladen, Erzählgedichten
und Moritaten

Analysen und Kommentare
5. Auflage, 176 Seiten

Bestell-Nr. 0590-8

Balladen des 18., 19. und 20. Jahrhunderts werden in diesem für Lehrer, Studenten und Schüler bestimmten Band ausführlich interpretiert und durch Erklärungen Verständnis für diese Art Dichtung weckt. Eine unentbehrliche Hilfe für den Deutsch- und Literaturunterricht.

Aus dem Inhalt: Bürger - Herder - Goethe - Schiller - Uhland - Eichendorff - Heine - Droste-Hülshoff - Miegel - Brecht - Huchel - Celan - Chr. Reinig - Kunert u.v.a.

Edgar Neis
Interpretationen
motivgleicher Werke
der Weltliteratur

2. Auflage, je 144 Seiten

Dramatische, epische und lyrische Gestaltung der bekanntesten Stoffe der Weltliteratur werden mit knappen Inhaltsangaben vorgestellt und miteinander vergleichend interpretiert.

Band 1:
Mythische Gestalten　　　　　　**Bestell-Nr. 0548-7**

Alkestis - Antigone - Die Atriden (Elektra / Orest) - Iphigenie - Medea - Phädra

Band 2:
Historische Gestalten　　　　　　**Bestell-Nr. 0549-5**

Julius Caesar - Coriolan - Der arme Heinrich - Die Nibelungen - Romeo und Julia - Jeanne d'Arc / Die Jungfrau v. Orleans - Johann Joachim Winckelmann

Edgar Neis
Verbessere Deinen Stil

2. Auflage, 120 Seiten

Bestell-Nr. 0539-8

Der Autor versucht im vorliegenden Band vom grundlegenden Schema über Wortwahl und Satzgestaltung den Interessierten zu einer guten Ausdrucksform zu führen. Stil ist erlernbar, deshalb wurden im 2. Teil viele künstlerisch gestaltete, stilvolle Beispiele wiedergegeben.

Edgar Neis
Wie interpretiere ich
ein Drama?

Methoden und Beispiele
2. Auflage - 224 Seiten

Bestell-Nr. 0633-8

Erstbegegnungen mit dramatischen Formen - Methode des Interpretierens - Wege zur Erschließung und Analyse eines Dramas.

Arbeit im Detail: Titel, Personen, Handlung, Aufbau, Sprache, Realisation, Bühnengestaltung, Regieanweisungen, sozio-kulturelle und historische Einordnung usw.

Modelinterpretationen - Zur Theorie des Dramas - Literaturverzeichnis.

Interessenten: Lehrer und Schüler aller Schulgattungen.

Edgar Neis
Wie interpretiere
ich Gedichte und
Kurzgeschichten?

13. Auflage, 208 Seiten

Bestell-Nr. 0530-3

Ein "Grundkurs", die Kunst der Interpretation zu erlernen und zu verstehen. Die tabellarischen Leitlinien führen den Benutzer des Buches zum Verständnis für diese Gattung der Poesie. Anhand von zahlreichen durchgeführten Interpretationen ist dieses Buch ein unentbehrliches Hilfsmittel für Schüler und Lehrer.

Eckhard Ostertag
Berufswahl - leichtgemacht

Der Fahrplan für eine systematische Berufsentscheidung
Grafiken - 112 Seiten

Bestell-Nr. 054-5

Was soll ich werden? – Welcher Beruf hat Zukunft? – Was kommt nach der Schule? – Wer hilft mir bei der Berufswahl? – Was kann ich tun, um nicht arbeitslos zu werden? – Wie bewerbe ich mich richtig? – Wie erhalte ich einen Lehrstelle? – Wie komme ich an einen Studienplatz?

Viele Fragen, Fragen, die heute oft nicht leicht zu beantworten sind. Existenzielle Fragen aber für alle jungen Menschen, die in einer Zeit des wirtschaftlichen und technologischen Umbruchs sich für einen Beruf entscheiden müssen.

Das vorliegende Buch will für alle Berufssuchende und deren Berater eine praktische Lebenshilfe geben. Es wird ein Fahrplan vorgelegt, der die vielfältigen Stationen des Berufswahlverlaufs übersichtlich und systematisch aufzeigt.

Reiner Poppe
Aufsätze im Deutschunterricht der Sekundarstufe I
Themen - Techniken - Beispiele

120 Seiten

Bestell-Nr. 0464-2

Das Aufsatzbuch ist für Schüler und Schülerinnen der Sekundarstufe I verfaßt. Es setzt Materialien und Techniken, Beispiele und vermittelnde Information ein, um den Schüler zum Verfassen eigener Texte **methodisch** anzuleiten. Die im Kapitel 4 vorgetragenen Beispiele erfassen in **kommunikativen Anwendungssituationen** die wichtigsten Textsorten:
Erzählbericht - Bericht - Beschreibung - Erörterung - (dialektischer) Besinnungsaufsatz - Interpretation. Der Schwerpunkt liegt dabei auf **alltagsrelevanten, pragmatischen Varianten** dieser Grundformen (Brief, Klappentext, Bedienungsanleitung, Sachtext, Inhaltsskizze, Leserbrief etc.)

Gliederung: Aufsatzformen nach Jahrgangsstufen geordnet/'richtlinienkonform' - Themen zum Üben - Techniken-Hilfsmittel, Beispiele (exemplarisch) - Glossar - Literaturhinweise.

Klaus Sczyrba
50 Kurzdiktate
für die 4. - 7. Klasse
mit 250 Übungsmöglichkeiten

116 Seiten + Lösungsheft

Bestell-.Nr. 0477-4

Der bekannte Autor Klaus Sczyrba bringt wieder eigene Diktate zum rechtschreibschwache Schüler und Schülerinnen zum häuslichen Arbeiten.

Für die Hand des Lehrers als Kurztest-Übungen im Unterricht bestens geeignet. Der Autor hat selbst im Unterricht erfolgreich damit gearbeitet.

Klaus Sczyrba
Komm, wir schreiben!
Rechtschreibübungsheft für das 2. und 3. Schuljahr
Format: DIN A4 - 40 farbige Illustrationen
3. Auflage - 36 Seiten

Bestell-Nr. 0614-9

Freude ist der Motor zum Erfolg. Nach diesem Grundsatz will der Autor den Kindern durch die lustbetonte, sehr abwechslungsreiche Art dieses Heftes den Weg zu Rechtschreibsicherung leicht machen. In frohem Tun werden fast unauffällig fundamentale Kenntnisse der Rechtschreibung angeeignet, ohne daß die Kinder dabei den Eindruck des Übens haben.

Klaus Sczyrba
Komm, wir schreiben!
Rechtschreibübungsheft für das 3. und 4. Schuljahr
Format: DIN A4 - 60 farbige Illustrationen
2. Auflage – 60 Seiten

Bestell-Nr. 0616-5

Alle Übungen für die Kinder des 3. und 4. Schuljahres sind so angelegt, daß sie mit Freude durchgeführt werden. Sie enthalten kurzweilige Aufgaben, Reime und Rätsel. Die Richtigkeit der Lösungen kann leicht selbst überprüft werden.
Üben ist für Kinder oft freudlos und langweilig. Bei diesem Heft spüren sie aber nicht, daß "nur geübt" wird. In froher, zielstrebiger Arbeit wird fast unbewußt die Rechtschreibfertigkeit gesteigert.

Klaus Sczyrba
Lebensnahe Diktate
für die Grundschule mit angegliederten Übungsmöglichkeiten für das **2. bis 4 Schuljahr**
3. Auflage - 152 Seiten + Lösungsheft

Bestell-Nr. 0610-6

Dieses Übungsbuch ist aus der Erfahrung langjähriger Schularbeit entstanden und soll den Kindern vom 2. bis 4. Schuljahr helfen, ihre Rechtschreibleistungen zu verbessern.
Dazu werden 150 Diktate geboten, die in Ausmaß und Schwierigkeitsgrad dem Alter der Kinder entsprechen.
Zur vertiefenden Behandlung aller Rechtschreibbereiche sind jedem Diktat eine Reihe Übungsmöglichkeiten beigefügt.

Klaus Sczyrba
Wege zum guten Aufsatz für das 5.-9. Schuljahr
176 Seiten

Bestell-Nr. 0472-3

Diese ganz auf die Schulpraxis bezogene Büchlein bietet Hilfen und Anregungen für das Schreiben von Nacherzählungen, Erlebnisaufsätzen, Phantasiegeschichten, Beschreibungen, Schilderungen und Berichten. Außerdem enthält es Übungen zur Grammatik, zur Rechtschreibung und Ausdrucksverbesserung.

Ein weiteres Buch von unserem Erfolgsautor Klaus Sczyrba.

Klaus Scyrba
Neue lebensnahe Diktate
mit zahlreichen Übungsmöglichkeiten für das **2. bis 10. Schuljahr**
3. Auflage - 312 Seiten

Bestell-Nr. 0611-4

Wie in den früheren Ausgaben dieses Buches werden hier wieder über 200 Diktate geboten, die in Ausmaß und Schwierigkeitsgrad dem Alter des Kindes entsprechen.

Klaus Sczyrba
Lebensnahe Dikate

mit zahlreichen Übungsmöglichkeiten für das **5. bis 7. Schuljahr** + Lösungsheft

3. Auflage - 240 Seiten

Bestell-Nr. 0613-0

In diesem Übungsbuch werden 150 Diktate geboten, die Kindern des 5. bis 7. Schuljahres helfen sollen, ihre Rechtschreibkenntnisse zu verbessern.
Zur vertiefenden Behandlung aller Rechtschreibbereiche ist jedem Diktat eine Reihe Übungsmöglichkeiten beigefügt.

Klaus Sczyrba
Lebensnahe Diktate

100 Diktattexte mit 600 Lösungsmöglichkeiten für das **8. bis 10. Schuljahr**

3. Auflage
210 Seiten + Lösungsheft

Bestell-Nr. 0471-5

Das Buch will mit seinen Diktaten und Übungen zum richtigen Gebrauch unserer Sprache beitragen. Die Diktate sind nicht nur nach Rechtschreibschwierigkeiten oder zur Anwendung einer Regel konstruiert, sondern sind auf die Bedürfnisse von Zeit und Umwelt abgestimmt.
Übungsmöglichkeiten mit Lösungen machen dieses Buch für häusliches Arbeiten und für den Unterrichtsgebrauch gleichermaßen unentbehrlich.

Klaus Sczyrba
Lebensnahe Diktate

mit zahlreichen Übungsmöglichkeiten für das **5. bis 10. Schuljahr**

3. Auflage - 432 Seiten + Lösungsheft

Bestell-Nr. 0612-2

Auch dieses Übungsbuch soll den Kindern vom 5. bis 10. Schuljahr helfen, ihre Rechtschreibleistungen zu verbessern.
Die hier angebotenen 250 Diktate sind in Ausmaß und Schwierigkeitsgrad dem Alter entsprechend ausgewählt worden. Jedem Diktat ist eine Reihe Übungsmöglichkeiten beigefügt, ebenso wurde der entsprechende Wortschatz eingebracht.
Tabellen der Rechtschreibschwierigkeiten in den einzelnen Schuljahren runden diese Übungsbuch ab.

Klaus Sczyrba
Lebensnahe Grammatik für die Grundschule

für das 2. bis 4. Schuljahr

140 Seiten

Bestell-Nr. 0673-4

Die alltäglichen Begebenheiten zweier Kinder sind lebendige Einstiege in alle Bereiche der Grundschulgrammatik. In übersichtlicher Weise werden alle notwendigen Kenntnisse zur Beherrschung unserer Sprache kindgemäß vermittelt, die in den angegliederten Übungen angewandt werden können. So ist dieses Büchlein sehr hilfreich für den Unterricht in der Schule und die häusliche Einzelarbeit.

Klaus Sczyrba
Lebensnahe Sprachlehre in der Grundschule

50 Unterrichtsentwürfe für die Einführung aller wesentlichen Gebiete.

112 Seiten, Illustrationen

Bestell-Nr. 0615-7

Neubearbeitete 2. Auflage

Diese Unterrichtsentwürfe haben sich als eine vielbegehrte Hilfe erwiesen und ermöglichen, daß der sonst so trockene Stoff der Sprachlehre lebensnah, auf lustbetonte Weise eingeführt wird.
Jeder Entwurf ist eine Unterrichtseinheit, die sich über einen längeren Zeitraum erstreckt.

Klaus Sczyrba
Lebensnahe Grammatik für die Sekundarstufe I

5.-10. Klasse
Mit 100 Übungen + Lösungsheft

2. Auflage – 128 Seiten

Bestell-Nr. 0474-X

Wesentliche Ursache für die Fehlerhäufigkeit in der Rechtschreibung ist in der mangelnden grammatischen Erkenntnis zu suchen.
Das Buch will hier Abhilfe schaffen. In übersichtlicher Anordnung bietet es in den für das Leben wichtigen Bereichen der Grammatik viele Beispiele und Übungsmöglichkeiten.

Klaus Sczyrba
Rechtschreib-Olympiade

Übungen mit Lösungen für die 5.-7. Klasse

136 Seiten + Lösungsheft

Bestell-Nr. 0475-8

Unser Erfolgautor Klaus Sczyrba bringt mit diesem Band ein lebensnahes Rechtschreibbuch auf den Markt, welches durch seinen Wettbewerbcharakter sicher. viele Übende ansprechen wird.
Kurze Übungstexte zu den Schwierigkeiten der deutschen Sprache werden allen Benutzern Hilfe geben und einprägsam zukünftige Fehler vermeiden helfen.

Englisch

Peter Luther/Jürgen Meyer
Englische Diktatstoffe

Unter- und Mittelstufe Sekundarstufe I)

64 Seiten

Bestell.-Nr. 0647-5

Beginnend mit einfachen Texten und Erklärungen wird hier der Benutzer der Bücher mit der englischen Grammatik, Wortlehre und Rechtschreibung vertraut gemacht. Die Texte geben Hinweise auf die Vorbereitung zur Nacherzählung und Erklärung nach Schwierigkeiten und Themengruppen. Worterklärungen und Übungen zur Selbstkontrolle runden den Band ab.

Jürgen Meyer/Gisela Schulz

Englische Synonyme als Fehlerquellen

Übungssätze mit Lösungen

116 Seiten

Bestell.-Nr. 0596-7

Dieses Übungsbuch will helfen, die im Bereich der Synonyme immer wieder auftretenden Fehler zu vermeiden. Die Aufstellung ruht auf Beobachtungen, die die Verfasser im Unterricht gemacht haben und erhebt keinen Anspruch auf Vollständigkeit. Der Übungssätze wurden so formuliert, daß die wichtigen Bedeutungsnuancen so klar wie möglich hervortreten. Die zur Kontrolle beigefügten Lösungen geben an, ob und wo Fehler gemacht worden sind.

Jürgen Meyer

Übungstexte zur englischen Grammatik

9. – 13. Klasse

2. Auflage - 96 Seiten

Bestell.-Nr. 0567-3

Der Band enthält Übungsmaterial zu aktuellen Fragen, u.a. Sachtexte zu Personen, wissenschaftliche Entdeckungen und zeitgeschichtlichen Ereignissen, die über das heutige Großbritannien und die USA informieren. Die Texte sind mit ausführlichen Hinweisen zu den Vokabeln sowie Übungen zur Syntax und zum Wortschatz versehen. Diskussionsvorschläge und ein sorgfältig aufbereiteter Schlüssel bieten zusätzliche Unterrichtshilfen. Das Buch ist sowohl für Gruppenarbeit als auch für das Selbststudium geeignet.

Jürgen Meyer

Deutsch-englische/ englisch-deutsche Übersetzungsübungen

9.–13. Klasse

2. Auflage - 104 Seiten

Bestell.-Nr. 0594-0

Texte für Fortgeschrittene, die ihre Kenntnisse in Wortanwendung und Grammatik erweitern und überprüfen wollen.
Zu den zeitgemäßen deutschen Texten wurden die Vokabeln und deren Anwendungsmöglichkeiten gegeben und erklärt.
Am Schluß des Bandes die englischen Texte zur Kontrolle.
Breit einsetzbar in den Sekundarstufen, Grund- und Leistungskursen.

Edgar Neis

Wie schreibe ich gute englische Nacherzählungen?

7. Auflage - 84 Seiten

Bestell-Nr. 0526-6

Langjährige, im gymnasialen Englischunterricht auf der Mittel- und Oberstufe, sowie bei zahlreichen Abiturprüfungen gewonnene Erfahrungen haben zur Herausgabe dieses Buches geführt. Texterfassung und -darstellung, Wortschatzerweiterung, Regeln der Stillehre, Erzählstil, idiomatische Redewendungen, Homophone, unregelmäßige Verben, Comment u.v.a.
Musterbeispiele als Vorlagen für Lernende.

John A. S. Phillips

Englisch für Frustrierte

Ratgeber für Muß-Studenten und Schüler der englischen Sprache

116 Seiten – Illustriert

Bestell-Nr. 0478-2

Dieses Buch ist für Leute geschrieben, denen vielleicht doch noch zu helfen ist, ihre verlorengegangene Freude an der englischen Sprache zurückzugewinnen. John A. S. Phillips, Lektor für Englisch an der Universität Bayreuth, Verfasser mehrerer humorvoller und skurriler Bücher, hat kein Lehrbuch im üblichen Sinne geschrieben. Es ist aber auch kein Amüsierbuch allein; dazu ist es dem Verfasser mit den Menschen, die seine Sprache lernen wollen, viel zu ernst.
Der Leser lernt viel, ohne belehrt zu werden. Was er bietet, will und kann kein systematisches Lehrbuch ersetzen, wohl aber „background" schaffen, zahlreichen Kennern der Sprache manches Tüpfelchen auf das „i" setzen und, wie erwähnt (– so auch der Titel –), Frustrierte wieder mobilisieren.
Enjoy it ...

Jürgen Meyer/Ulrich Stau

Englisch 5./6. Klasse

Übungen mit Lösungen

96 Seiten - Viele Zeichnungen

Bestell.-Nr. 0687-4

Der gesamte Stoff Englisch der 5. und 6. Klasse wird in diesem Nachhilfebuch wiederholt. Die Benutzer können anhand von Übungen ihr Wissen testen und im Lösungsteil nachschlagen.

Der Stoff wurde den einschlägigen Lehrwerken an den Schulen der verschiedenen Bundesländer angeglichen um eine Benutzung nicht von den verschiedenen Kriterien der Bundesländer abhängig zu machen.

Den Schülerinnen und Schülern wird hier echte 'Lernhilfe' geboten!

Französich

Klaus Bahners
Französischunterricht in der Sekundarstufe II

(Kollegstufe)

Texte - Analysen - Methoden

104 Seiten

Bestell-Nr. 0565-7

Dieses Buch wendet sich an alle, die jetzt oder künftig auf der neugestalteten Oberstufe (Sekundarstufe II) Französischunterricht erteilen; vor allem an jüngere Kollegen und Referendare, aber auch an Studenten, die sich auf den Übergang vom wissenschaftlichen Studium zur pädagogischen Umsetzung vorbereiten wollen.

Paul Kämpchen
Französische Texte zur Vorbereitung auf die Reifeprüfung

80 Seiten

Bestell-Nr. 0522-3

Übungen für Grammatik, des Stils und eine der Prüfungsarten - die Nacherzählung - sollen hier dem Anwärter zur Prüfung nahegebracht werden. Kurze und lange Nacherzählungstexte mit Worterklärungen stehen hier als Übungstexte zur Verfügung.

Der Schüler oder Student kann anhand dieser Kurzgeschichten seine sprachliche Beweglichkeit unter Beweis stellen. Kleine und leichte Stücke, die sich nur für Anfänger und wenig Fortgeschrittene eignen, wurden weggelassen.

Alfred Möslein / Monique Sickermann-Bernard
Textes d'étude

64 Seiten

Bestell-Nr. 0523-1

25 erzählende Texte aus der neueren französischen Literatur als Vorlagen für Nacherzählungen und Textaufgaben.

Durch unterschiedliche Längen und Schwierigkeitsgrade, sowie durch breitgefächerte Thematik eignen sich diese Texte als Lektüre und Ausgangspunkt für Diskussionen im Unterricht. In den "Suggestions" findet man einige Anregungen für Übungen, die sich an die reine Textbehandlung anschließen können. Die Worterklärungen sollen das Verständnis der Texte erleichtern.

Werner Reinhard
Französische Diktatstoffe Unter- und Mittelstufe

1./2. Unterrichtsjahr, sowie 3./4. Unterrichtsjahr

3. Auflage - 96 Seiten

Bestell-Nr. 0532-0

Die nach dem Schwierigkeitsgrad geordneten Texte sind überwiegend Erzählungen und Berichte von Begebenheiten des täglichen Lebens, wobei unbekannte Vokabeln beigegeben sind. Mit den Texten lernt der Schüler die gehobene Umgangssprache, d.h. Vokabular und Wendungen, die er später für eigene Textproduktionen verwenden kann. Den Texten vorangestellt sind Bemerkungen zur Rechtschreibung, die nützliche Rechtschreibregeln enthalten.

Werner Reinhard
Übungstexte zur französischen Grammatik

9. - 13. Klasse

2. Auflage - 128 Seiten

Bestell-Nr. 0543-6

"Übungstexte zur französischen Grammatik" wendet sich an Lernende, die bereits einige grammatische Kenntnisse haben, sie jedoch festigen und vertiefen wollen. Es eignet sich aufgrund umfangreicher Vokabelangaben, sowie des ausführlichen Lösungsteils, zum Selbststudium und vermag bei Schülern ab Klasse 9 Nachhilfeunterricht zu ersetzen.

Die textbezogenen Aufgaben berücksichtigen insgesamt die wichtigsten grammatischen Gebiete, ein Register ermöglicht auch systematisches Vorgehen.

Christine und Gert Sautermeister
Der sichere Weg zur guten französischen Nacherzählung

-Zur Methodik des Hörens und Schreibens im Französischunterricht-

118 Seiten

Bestell-Nr. 0534-7

Der erste Teil des Buches will auf die Bedingungen richtigen Hörens aufmerksam machen und Wege zum besseren Hören skizzieren. Der zweite Teil gibt Anregungen, die Grundrisse des Textes, der Gelenkstellen, Höhepunkte, Pointen nochmals zu vergegenwärtigen. Spezifische Formulierungsprobleme der Nacherzählung entfaltet der dritte Teil.

Werner Reinhard
Kurze moderne Übungstexte zur französischen Präposition
120 Seiten

Bestell-Nr. 0568-1

In einem lexikalischen Teil gibt das Übungsbuch zunächst einen Überblick über die Anwendung der wichtigsten Präpositionen. Auch die Präpositionen als Bindeglied zwischen Verb und Objekt bzw. Infinitiv (vor allem à und de) wird berücksichtigt. Listen erleichtern dabei systematisches Lernen.

Im anschließenden Übungsteil kann der Benutzer seine Kenntnisse überprüfen. Vorherrschende Methode ist die Einsatzübung. Mit dem Lösungsteil eignet sich das Buch gut zum Selbststudium. Einsetzbar für den Unterricht in den Sekundarstufen.

Geschichte

Peter Beyersdorf
Geschichts-Gerüst
von den Anfängen bis zur Gegenwart

4 Teile in einem Band

228 Seiten

Bestell-Nr. 0551-7

Der Primaner, der das „Skelett" dieses „Gerüstes" beherrscht, sollte allen Prüfungsanforderungen gewachsen sein!

Das vorliegende Werk will kein Ersatz für bereits bewährte Bücher ähnlicher Art sein, sondern einem **Auswahlprinzip** huldigen, das **speziell auf Gymnasien,** kurz **alle weiterführenden Schulen zugeschnitten** ist. Daher erklärt sich die drucktechnische Hervorhebung des besonders Wesentlichen (Fettdruck).
Teil I: Von der Antike bis zum Beginn der Völkerwanderung (ca. 3000 v. Chr. bis 375 n. Chr.)
Teil II: Von der Völkerwanderung bis zum Ende des Mittelalters (375 – 1268)
Teil III: Vom Übergang zur Neuzeit bis zum Ende des 1. Weltkrieges (1268 – 1918)
Teil IV: Vom Beginn der Weimarer Republik bis zur Gegenwart (1918 – 1987)

Gemeinschaftskunde

Peter Beyersdorf
Die Bundesrepublik Deutschland
Arbeitsheft zur Sozial- und Gesellschaftskunde

Band 1:
Strukturen und Institutionen
mit Text des Grundgesetzes
124 Seiten
Bestell-Nr. 0507-X

Band 2:
Parteien und Verbände
84 Seiten
Bestell-Nr. 0508-8

Band 3:
Außenpolitische Entwicklung
72 Seiten
Bestell-Nr. 0509-6

Diese Reihe wurde vor allem für den Bereich der politischen Pädagogik geplant: für Lehrer und Schüler also in erster Linie. Das gilt für Gymnasien und höhere Schulen insgesamt, für Berufsschulen auch nicht zuletzt für den großen Bereich der Erwachsenenbildung in den Volkshochschulen.
Jedes Heft enthält neben dem Textteil einen Dokumentenanhang und ein Literaturverzeichnis, darin wird auf spezielle, einzelne Themen vertiefende Bücher hingewiesen.
Mit Hilfe dieser "Arbeitshefte" wird es dem Benutzer möglich, die grundsätzlichen politischen Zusammenhänge unseres Gemeinwesens und die Struktur der internationalen Politik zu erkennen. Dazu werden nicht nur Daten und Fakten geboten, sondern zugleich auch deren Erklärung und Interpretation. Stand 1970!

Latein

Reinhold Anton
Die Stammformen und Bedeutungen der lateinischen unregelmäßigen Verben
Anleitung zur Konjugation von etwa 1600 einfachen und zusammengesetzten unregelmäßigen Verben.

5. verbess. Auflage - 40 Seiten   kart.

Bestell-Nr. 0500-2

Oswald Woyte
Latein-Gerüst
Der gesamte Stoff bis zur Sekundarstufe II (Kollegstufe) in übersichtlicher Anordnung und leichtverständlicher Darstellung mit Übungstexten, Übungsaufgaben und Schlüssel.

Teil 1: **Formenlehre**
116 Seiten
Bestell-Nr. 0552-5

Teil 2: **Übungsaufgaben und Schlüssel zur Formenlehre**
144 Seiten
Bestell-Nr. 0553-3

Teil 3: **Satzlehre**
104 Seiten
Bestell-Nr. 0554-1

Teil 3: **Übungsaufgaben und Schlüssel zur Satzlehre**
72 Seiten
Bestell-Nr. 0555-X

jeweils 2. Auflage

Die vier Bände ersparen den Lernenden die Nachhilfestunden und bieten ein unentbehrliches Übungs- und Nachschlagewerk bis zur Reifeprüfung.
Der Autor hat aus seiner Praxis als Oberstudiendirektor die Schwierigkeiten der lateinischen Sprache für den häuslichen Übungsbereich aufbereitet und leicht faßbar erläutert. Lernanweisungen sollen das Einprägen erleichtern.

Friedrich Nikol
Latein 1
Übungen mit Lösungen für das erste Lateinjahr in zwei Bänden.

Band 1/**Erstes Halbjahr**
mit Lösungsteil
Bestell-Nr. 0634-3

Band 2/**Zweites Halbjahr**
mit Lösungsteil
Bestell-Nr. 0635-1

In beiden Teilbänden wird der gesamte Stoff des ersten Lateinjahres behandelt.

Latein 2 (2. Lateinjahr)

Bestell-Nr. 0638-6

Der lateinische Wortschatz ist in den Büchern genau angegeben und den verschiedenen lateinischen Unterrichtswerken angepaßt, die in den einzelnen Bundesländern zugelassen und eingeführt sind.
Bei gründlicher häuslicher Nachhilfe mit den Büchern wird der Übende immer mehr Freude an Latein bekommen und bald wird sich auch der Erfolg bei den Leistungen in der Schule zeigen.

Suchen Sie wortgetreue Übersetzungen und Präparationen zu Ihren Schullektüren römischer und griechischer Klassiker?
Sie finden sie in der „Kleinen Übersetzungsbibliothek" in 500 Bänden im Kleinformat wörtliche deutsche Übersetzung.
Fordern Sie das ausführliche Verzeichnis an.

Mathematik

Bernd Hofmann
Algebra 1
Mathematikhilfe für die 7./8. Jahrgangsstufe weiterführender Schulen
216 Seiten
Bestell-Nr. 0580-0

Friedrich Nikol
Lothar Deutschmann
Algebra 2
Übungs- und Wiederholungsbuch für die 9. und 10. Jahrgangsstufe
168 Seiten - Viele Abbildungen
Bestell-Nr. 0645-9

Helmut Kürzdörfer
Geometrie 1
Mathematikhilfe für die 7./8. Jahrgangsstufe weiterführender Schulen
232 Seiten
Bestell-Nr. 0581-9

Diese Bücher sind im wesentlichen auf den Lehrstoff des 7. bis 10. Schuljahres abgestimmt. **Sie gliedern sich in Kontroll-, Übungs- und Lösungsteil.** Ausgerichtet sind sie als unterrichtsbegleitende Werke auf Schüler und die ihnen hilfreich zur Seite stehenden Eltern.
Nützlich sind sie aber auch wegen des großen und vielseitigen Angebots an Übungsaufgaben (mit vollständigen Lösungswegen) **für Lehrer.** Von ähnlichen Unterrichtshilfen heben sie sich durch die kurze, übersichtliche und verständliche Darstellung sowie durch gute Überprüfbarkeit der Kenntnisse ab. (Besprechung der Bibliothekszentrale, Reutlingen.)

Lothar Deutschmann
Mathematik
Wegweiser zur Abschlußprüfung
Mathematik I, II und III an Realschulen
Anhang: Reifeprüfungsaufgaben mit Lösungen 1980/1981/1982/1983
168 Seiten + 121 Abb.
Bestell-Nr. 0644-0

Ein erfahrener Pädagoge erteilt Nachhilfeunterricht in Mathematik.
In anschaulicher Weise werden den Benutzern Aufgaben aus der Mathematik an Realschulen vorgeführt, erklärt und mit Lösungsweg und Lösungen beschrieben.

Ruth Kirchmann
Zielscheibe Mathematik
Wenn Schüler vor Mathematik zurückschrecken, liegt es häufig an den Lücken, die irgendwann entstanden sind und das Verständnis des ganzen folgenden Unterrichtsstoffes blockieren.
In diesen Nachhilfebüchern, die auch zum Nachlernen für zu Hause geeignet sind, finden sich Schüler schnell zurecht.

Dezimalzahlen
78 Seiten - viele Abbildungen
+ 8 Seiten Lösungsheft
Bestell-Nr. 0671-8

Johannes Lorenz
Mathematik-Gerüst – Unterbau
6. Auflage - 84 Seiten
Bestell-Nr. 0558-4
Sammlung von Formeln und Sätzen mit zahlreichen Musteraufgaben und vielen Figuren.

Inhalt: Zahlenrechnen - Algebra - Gleichungen - Logarithmen - Geometrie - Stereometrie - Trigonometrie. Dieser Band richtet sich an den Lernenden, der in kurzer Form seine Kenntnisse wieder auffrischen möchte und anhand von Musteraufgaben Lösungswege rekonstruieren will.

Bis Sekundarstufe I.

Georg Ulrich/Paul Hofmann

Geometrie
zum Selbstunterricht

Ein vollständiger Lehrgang der Geometrie zum Selbstunterricht und zur Wiederholung und Nachhilfe. Von der elementaren Geometrie über die Differential- und Integralrechnung bis zur Integralgleichung bieten die Bände den gesamten Stoff der Oberschulen bis zur Sekundarstufe II.
Übungsaufgaben mit Lösungen erleichtern die Verfolgung des Rechenweges und deren Einprägung und Verstehen.

1. Teil:

Planimetrie
172 Seiten
Bestell-Nr. 0576-2

2. Teil:

Trigonometrie
136 Seiten
Bestell-Nr. 0540-1

3. Teil:

Stereometrie
148 Seiten
Bestell-Nr. 0577-0

4. Teil:

Analytische Geometrie
232 Seiten
Bestell-Nr. 0536-3

Philosophie

Robert Hippe

Philosophie-Gerüst

Teil 1 -96 Seiten

Bestell-Nr. 560-6

Der erste Band des Philosophie-Gerüsts will an die Geschichte der abendländischen Philosophie heranführen, dem Leser einen Überblick über die Jahrhunderte philosophischen Denkens geben.
Aus dem Inhalt: Was ist Philosophie? Die griechische Philosophie - Die hellenistisch-römische Philosophie - Die Philosophie des Christentums - Die Philosophie des Mittelalters, im Zeitalter der Renaissance und des Barock - Die Philosophie von der Aufklärung bis zu Hegel - Die Philosophie der Gegenwart.
Anhang - Bibliographie u.a.

Teil 2 - 80 Seiten

Bestell-Nr. 561-4

Im zweiten Band werden die Disziplinen der reinen und angewandten Philosophie behandelt und dem Benutzer ein Überblick über das gewaltigen Umfang des Bereichs der Philosophie gegeben.
Aus dem Inhalt: **Die Disziplinen der reinen Philosophie:** Logik und Dialektik - Psychologie - Erkenntnistheorie - Ontologie und Metaphysik - Ethik - Ästhetik.
Die Disziplinen der angewandten Philosophie: Naturphilosophie und Philosophie der Mathematik - Geschichtsphilosophie - Rechts- und Religionsphilosophie - Philosophische Anthropologie und Existenzphilosophie - Sprachphilosophie.
Philosophie und Weltanschauung
Bibliographischer Anhang u.a.

Physik

Robert Gehr

Einführung in die
Atomphysik

Vorbereitunghilfen für das Physik-Abitur an mathematisch-naturwissenschaftlichen Gymnasien.
152 Seiten

Bestell-Nr. 0511-8

Inhalt: Das Atommodell der kinetischen Gastheorie - Die atomistische Struktur der Elektrizität - Energiequanten und Korpuskeln - Atommodelle - Kernphysik - Nachweismethoden für Strahlungen.
Das Ziel des Buches ist, den Physik-Stoff der Abschlußklassen im Hinblick auf die Reifeprüfung umfassend und gründlich darzustellen, andererseits aber auch - gemäß dem Bildungsauftrag einer höheren Schule - in das (physikalische) Weltbild der Gegenwart einzuführen.

Thomas Neubert

Physikalische Miniformelsammlung

8.- 10 Klasse
32 Seiten
Bestell-Nr. 0683-1
Für den Schulunterricht und für häusliches Arbeiten ein wichtiges Hilfsmittel - echte Lernhilfe!

Johannes Lorenz/Lothar Deutschmann

Physik-Gerüst

-Sekundarstufe 1-

6. erweiterte Auflage
240 Seiten

Bestell-Nr. 0617-3

Die Grundlagen der Physik in übersichtlicher und leicht faßlicher Darstellung.

Inhalt: Meßkunde - Allgemeine Eigenschaften der Körper - Mechanik fester Körper - Mechanik der Flüssigkeiten - Mechanik der Gase - Lehre vom Schall - Wärmelehre - Magnetismus - Elektrizität - Geometrische Optik - Wellenoptik u.a.

Thomas Neubert

Physik 11. Klasse

Nachhilfebuch mit Lösungen
104 Seiten

Bestell-Nr. 0684-X

Dieses Buch basiert auf den neuesten Lehrplänen **Physik 11. Klasse** der Bundesländer.
Jeder behandelte Abschnitt ist in einen Grundlagenteil und einen Aufgabenteil mit vollständigen Lösungen aufgeteilt.
Dieser Band knüpft lückenlos an dem im **Physik-Gerüst Sekundarstufe I** behandelten Stoff an.

Friedrich Nikol

Physik I

Fragen mit Antworten aus dem Lehrstoff der Sekundarstufe I mit Prüfungsfragen und Lösungen.
100 Seiten

Bestell-Nr. 0639-4

Dieses Buch soll eine Lücke füllen auf dem Gebiet der Physikvorbereitung. Häufig auftauchende Fragen aus Mechanik, Wärmelehre, Optik, Magnetismus, Elektrizität im Physikunterricht werden leicht verständlich beantwortet.
Ein Band zur Vorbereitung auf Abschlußprüfungen!

C. Bange Verlag · D-8607 Hollfeld/Ofr.
☎ 0 92 74 - 3 72